Werbung

Grundlagen

von

Dr. Carl Hundhausen

Hon.-Prof. an der Technischen Hochschule Aachen

Sammlung Göschen Band 1231

Walter de Gruyter & Co · Berlin 1969

vormals G. J. Göschen'sche Verlagshandlung · J. Guttentag, Verlagsbuchhandlung · Georg Reimer · Karl J. Trübner · Veit & Comp.

Inhalt

I. Einleitung 5
II. Urformen der Werbung 10
III. Die Welt der menschlichen Begehrungen 18
IV. Die Wunschvorstellungen über den menschlichen Bedarf 25
V. Lebensäußerungen als Formen der Werbung 34
VI. Werbung als sozialer Prozeß und als Prozeß der Kommunikation 40
VII. Die Wirkungskräfte der Werbung und ihre Wirkungsfelder 43
VIII. Die Zielsetzungen der Werbung und die Mittel ihres Ausdrucks 57
IX. Die vier Elementar-Funktionen der Werbung 66
1. Gewinnung von Aufmerksamkeit und Interesse . . . 66
2. Unterrichtung und Information 69
3. Beeinflussung, mit dem Ziel der Begründung von Überzeugungen 74
4. Situationsbedingte Aufgaben 78
X. Der ethische Gehalt der Werbung 80
XI. Einige Charakteristika des Ausdrucks in der Werbung 86
XII. Die Mittel des Ausdrucks in der Werbung 90
1. Absatzwirtschaftliche Mittel der Werbung 90
2. Anzeigen 91
3. Außenwerbung 92
4. Druckschriften und Kataloge 94
5. Ausstellungen, Messen, Aufbauten, Schaufenster . . 94
6. Diapositive, Tonbildschauen, Film, Rundfunk, Fernsehen 95
7. Gegenstände geringen Wertes 96
XIII. Vom „Lobhudel" in der „Reclame" bis zur offenen Selbstanzeige durch eine verdichtete Sprache 97
XIV. Ausblicke 105
Literaturhinweise 110
Namensverzeichnis 114
Stichwortverzeichnis 116

Abkürzungen

Wichtige Erkenntnisse einer jahrzehntelangen rein privaten Studienarbeit habe ich in den jetzt noch im Buchhandel erhältlichen Werken niedergelegt; sie werden mit den in ( ) gesetzten Hinweisen zitiert:

Wirtschaftswerbung, Essen, 1963, 514 Seiten
Zitierzeichen: (WW, Seitenzahl)
(2. Auflage von „Wesen und Formen der Werbung". 1954)

Industrielle Publizität als Public Relations, Essen 1957, 580 Seiten
Zitierzeichen: (PR, Seitenzahl)
(2. Auflage von „Werbung um öffentliches Vertrauen. Public Relations ". 1951)

I. Einleitung

Die althochdeutschen Worte „(h)werfo" und „(h)werbo" sind mit den mittelhochdeutschen Worten „werb" und „werbe" sinnverwandt. Eine Bedeutung dieser Worte lautet: „wirbel, d. h. strudel im wasser" (WW, 83 ff.).

Das Tätigkeitswort „werben" hat sich aus folgenden Formen entwickelt: Im Althochdeutschen haben wir „(h)wërban" neben „(h)wërfan" und die mittelhochdeutschen Formen „werben", „werven" und „werfen", die von den Brüdern Grimm auf die indogermanische Wurzel „kuerp" zurückgeführt werden. Diese Stammverben haben die ursprüngliche Bedeutung von „wirbeln", „sich drehen, sich wenden"; daraus entwickeln sich schon früh die abstrakteren „sich bewegen, etwas betreiben . . .", und im neueren Deutsch wird ‚werben' im Sinne von „sich um etwas bemühen" geläufig.

Die vielen „Bezeugungen" dieses Wortes im Deutschen und in verwandten Sprachbereichen durch die Brüder Grimm lesen sich wie ein Epos von hohem Rang: „sich einem neuen Zustand zuwenden", „sich umtun, sich rühren", „mit jemand verkehren", „wider jemand/gegen jemand wirken, handeln", „für jemand tätig sein/handeln", „wirken, eine Wirkung ausüben", „etwas ausrichten, betreiben, besorgen, ausführen, ausüben, machen, abwickeln", aber auch „etwas zu erlangen suchen", „werben um etwas", „um etwas bitten", „werben an-auf-zu etwas", „sich bittend an jemand wenden (um) etwas zu gewinnen". Vieler Art sind die „Bezeugungen" im Sinne: „sich um eine Frau bemühen, sie zu begehren, um sie anzuhalten, um jemandes Hand werben, um jemandes Hand anhalten".

Viele dieser Formulierungen umschreiben *den Sinn eines „dagegen" oder „wider"*, die meisten jedoch *den Sinn des „jemanden oder etwas zu gewinnen"*. Nur in ganz vereinzelten Fällen wird erwähnt, in welcher Form oder auf welche Art und Weise das geschieht. Hier aber sind die Gründe zu dem Geheimnisvollen zu suchen, das auch heute noch die Werbung umgibt.

Wenn wir versuchen, uns einmal von allen Vorbildern zu lösen, um zu den wirklichen Ursprüngen zurückzufinden, dann müssen wir zu folgendem Schluß kommen:

Die Erscheinung, die wir mit dem Hauptwort „Werbung" und mit dem Tätigkeitswort „werben" kennzeichnen, ist so alt wie das Menschengeschlecht, wenn die Urformen der Werbung zunächst auch nicht so bezeichnet werden.

In dem „Buch der Bücher" (1. Mos. 4,5) wird berichtet, daß sich – als Kain zornig war – „seine Gebärde verstellte" und daß der Herr ihn fragte: „warum verstellet sich deine Gebärde"?

Diesem Ausdruck einer Gebärde des Zornes steht eine andere Schilderung gegenüber (Phil. 2,5–7), daß sich Jesus Christus seiner selbst entäußerte und „an Gebärden als ein Mensch erfunden" wurde.

Diese beiden Textstellen sind Beleg dafür, daß eine Gebärde auf eine *Ursache* zurückzuführen ist und daß sie auch ein *Ziel* hat, auf das sie sich richtet. In einer dieser Textstellen ist die Ursache der Gebärde der Zorn. Das Ziel der Entäußerung, um „an Gebärden als ein Mensch erkannt" zu werden – wovon der Brief an die Philipper handelt – ist aus den voraufgehenden und aus den nachfolgenden Textstellen als eine Aufgabe der Gewinnung zu erkennen.

Wir haben hier mit zwei verschiedenen Bedeutungen der Gebärde zu tun, einmal mit der Gebärde der Abweisung und dann mit der Gebärde der Gewinnung.

Der Gebärde innerlich verwandt sind der Blick, die Bewegung, das Gebaren, das Gehaben und auch die Geste. Blick und Gebärde sind aber noch enger verwandt der Mimik und dem Mienenspiel, die in ihrem stummen Ausdruck eine hohe Vollendung finden können.

Wenn wir nun zunächst nach ihren *Ursachen* fragen, dann stoßen wir auf jene Regungen, die Sigm. *Freud* als „mythische Wesen, großartig in ihrer Unbestimmtheit" (Vorlesungen Bd. 15, S. 101) bezeichnet und die wir allgemein Triebe nennen. Diese „Nötigungen" (C. G. *Jung*), diese „Antriebselemente, das Bewegende für das Handeln . . ., das häufig von einer anschaulichen Zielvorstellung begleitet ist" (*Hehlmann*) werden auch unter „Motiv" und „Motivation" als „Ursachen des Wollens" (*Lindworsky*) oder als „Beweggründe des Willens" (Heinrich *Schmidt*) zusammengefaßt.

Die angeführten Textstellen der Bibel lassen auch erkennen, daß der Gebärde eine Absicht innewohnt, ja, daß sie eine „anschauliche Zielvorstellung" hat, auf die sie sich in ihrem Ausdruck richtet. Gebärde, Geste und Blick, die aus Ursachen herrühren, müssen ein *Ziel* haben, wenn sie nicht sinn- und zwecklos sein sollen.

Dieses Ziel muß zunächst wertfrei gesehen werden; es bleibe dahingestellt, ob im beziehungs-soziologischen Sinne – nach den Kategorien von Leopold von Wiese – ein solches Ziel als ein Ziel des Zueinander, d. h. als eine Aufgabe des Gewinnens oder als ein Ziel des Gegeneinander, d. h. als eine Aufgabe des Abstoßens oder als ein Ziel des Auseinander, d. h. als eine Aufgabe der Trennung zu sehen ist.

Das Phänomen „Werbung" kann jede dieser drei Zielvorstellungen zum Inhalt haben; jede kann ihr Wesen ausmachen.

Erscheinungsformen der Werbung ohne Zielvorstellungen sind nicht feststellbar.

Zielvorstellungen für die Werbung können sich instinktiv, d. h. aus Antrieben, die nicht erlernt zu werden brauchen, bilden, sie können aber auch ganz bewußt und rational entwickelt werden. Nicht selten wird dieser Prozeß der Entwicklung solcher Zielvorstellungen in vielen Erscheinungsbereichen der Werbung als besonderer Aufgabenkomplex angesehen und umschrieben, der auch mit „goal setting" bezeichnet wird. Aus dem Bereich der Waffentechnik ist hierfür sogar die Bezeichnung „target" entlehnt worden.

Bei den meisten Formen der Werbung handelt es sich offenbar um Beziehungsprozesse unter Menschen. Dieses „goal setting" läßt sich daher mit „Aufgabenstellung" oder „Ins-Visier-nehmen" übersetzen, und wenn man den Begriff der „Funktion" seiner rein mathematischen Bedeutung entkleidet, dann ließe sich auch dieser Begriff mitverwenden. Auch der Begriff *„Funktion als zweckbestimmter Betätigungsvorgang"*, als gesetzte Verpflichtung und Ausrichtung in den Prozessen der Werbung gibt uns die Möglichkeit, die Konturen der Argumente deutlicher zu machen (WW, 141–257).

In dem Versuch, das unermeßlich weite Spannungsfeld der Werbung und die vielseitigen und vielschichtigen Tätigkeitsbereiche des „werbens" zu umreißen und systematisch zu analysieren, ist vor allen Dingen nachzuweisen, daß wir es mit verschiedenen Ziel- und Funktions*gruppen* zu tun haben, die aber – trotz aller grundsätzlichen Unterschiede im einzelnen – sehr starke Interdependenzen aufweisen.

Eine der wichtigsten Ziel- und Funktionsgruppen in den Prozessen der Werbung sind die *wirtschaftlichen* Ziele und Funktionen; ihnen begegnen wir Stunde um Stunde; sie bedrängen uns Tag um Tag. Es erübrigt sich, hierfür Beispiele zu nennen.

Deutlich hiervon abgesetzt sehen wir auch *nichtwirtschaftliche Ziele* und Funktionsgruppen der Werbung; auch ihnen begegnen wir ununterbrochen, z. B. bei den Bestrebungen, Menschen für die aktive Unterstützung einer charitativen Aufgabe zu gewinnen oder in dem entschlossenen Streben, feststehende Doktrinen oder Ideologien durchzusetzen. Diese nichtwirtschaftlichen Funktionen der Werbung können auf den *Ausgleich von Interessen* gerichtet sein, sie können aber auch auf eine kompromißlose *Durchsetzung von Interessen* abzielen.

Schließlich noch ergeben sich bei einer analytischen Betrachtung des Phänomens Werbung eine Reihe von Zielvorstellungen, die mehr oder weniger den Charakter von *Grundfunktionen* haben; ihnen begegnen wir immer wieder, und sie scheinen uns unentbehrlich zu sein.

Aus diesen Überlegungen läßt sich nun das nachstehende Schema der Zuordnung von Zielvorstellungen, Aufgaben oder Funktionen im Rahmen des *Gesamt-Phänomens Werbung* gewinnen:

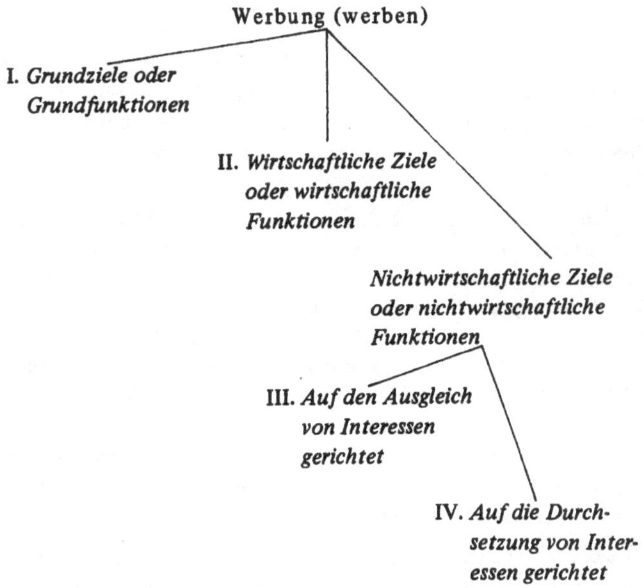

Aus dieser schematischen Zerlegung des allumfassenden Phänomens „Werbung" ergibt sich nun auch die Anlage der hiermit unternommenen Analyse:

I. Werbung
II. Wirtschaftswerbung
III. Public Relations
IV. Propaganda

Der Zwang, die Darstellung auf einem sehr engen Raum zu geben, den Format und Umfang einer weltberühmten Buchreihe unerbittlich bestimmen, sollte dem nicht leichten Unterfangen eigentlich zugute kommen.

II. Urformen der Werbung

Jene Stelle aus dem Uhland'schen Gedicht „Des Sängers Fluch" führt zu einer Urform des Werbens hin, die aber von Uhland in die Opposition gesetzt werden mußte: „. . . und was er blickt, ist Wut . . .".

Der *Blick* des Menschen, der Blick der Sonne, ja, der Blick überhaupt als Ausdruck innerster Erregung oder Hoffnung, Enttäuschung oder Niedergeschlagenheit ist in der Weltliteratur sehr oft als eine Form des Werbens geschildert worden: Der erste oder der letzte Blick der Eltern auf ihr Kind; der „beredte" Blick eines Mädchens; der lustige und verschmitzte Blick des Hofnarren; der bittende und liebreiche Blick des Verehrers; der Blick in den Spiegel mit der prüfenden Frage aus dem Märchen; ein verlangender, begehrender, dreister, frecher Blick! Eine Unzahl von Adjectiva kann in der Literatur aller Völker gefunden werden, die die werbende Bedeutung des Blickes zu charakterisieren vermögen.

So wie neben Gut auch Böse steht, so braucht die Urform des Werbens durch den Blick auch ihr Gegenteil, ihre Opposition. Zur Charakterisierung des Blickes gehört noch die Kennzeichnung der Art, wie der Blick „getan", „geworfen", „gerichtet", „gesenkt" oder „geschossen" wird. Ein Kaleidoskop von Kombinationen!

Kann „der" Blick in seiner isolierten Ausdruckskraft nun für sich allein stehen oder gehören nicht zu ihm Beiworte wie: Seinem Blick entfuhren Funken oder Feuerflammen; sein Blick leuchtete; ihr Blick war strahlend und hell; hier haben wir Beiworte, die sich in Goldblick oder Silberblick wandeln; wetterleuchtende Blicke wechseln mit Ausdrucksbezeichnungen wie Angst, Tücke und Verschlagenheit.

Mit dem Blick einher geht die schon erwähnte Urform des Werbens: Die *Gebärde!* Die Frage an Kain sei hier nicht nochmals wiederholt; sie stand aber mit vollem Recht in den ersten Zeilen dieser Grundlegung. Die Gebärde als Form menschlichen Ausdrucks (auch der Werbung!) reißt einen ganzen Horizont der Expression auf. Auch die Gebärde kann, wie wir aus der Welt des Theaters wissen, einen durchaus werbenden Charakter haben. Wir sprechen von einer edlen und schönen Gebärde als „Ausdruck der Stimmung, Neigung, Güte, des Wohlwollens u. a. des Gemütes überhaupt" (Grimm), womit „der mehr unbewußte Ausdruck des ganzen Inneren gemeint ist". Hier lesen wir, daß im älteren Gebrauch dieses Begriffes das Verhältnis oder Mißverhältnis zwischen den Gebärden und dem Inneren umschlossen war, ja man sprach jahrhundertelang von unwillkürlichen und willkürlichen Gebärden. Zu den Gebärden rechnete man damals außer Mienen (ein damals noch junger Begriff) die Kleidung, den Gesichtsausdruck, die Rede, die Gestalt und den Blick der Augen. Viele Kennzeichnungen sind heute auch noch gültig: „Geberd eines Menschen, Gestalt des Angesichts, (und) Weise eines Menschen, sein habitus oder status" werden gleichsinnig gebraucht. „Die Geberden zeigen die Sitten an"; „Häszliche Geberden mit dem Mund machen . . . Geberden mit den Augen machen"; „An den Gebärden siehet man, was hinter einem steckt"; „Die Gebärden ändern".

Der Begriff weitet sich aus: Das Tun und Lassen eines Menschen, sein Verfahren (seine Haltung, sein habitus) in einem bestimmten Falle werden eingeschlossen und als sein „Gebaren" bezeichnet.

Diese Erweiterung des Begriffes der Gebärde führt zu dem Begriff der *Gebärdenkunst* (mimik, pantomimik) und zum *Gebärdenspiel*, zur Gebärdung als Gestikulation. Daß es sich hier um wirkliche Urformen des menschlichen Ausdrucks handelt, geht aus Äußerungen von Marcel *Marceau* (Die Weltkunst der Pantomime, Zürich, o. J.) und Alexander *Tairow* (das entfesselte theater, Potsdam 1923,

Köln 1964) hervor: Marcel *Marceau:* „Der Schauspieler kann mit nacktem Körper alles ausdrücken. Er benützt den Körper als ein Instrument und geht dazu über, die Gefühle durch Symbole oder Bewegungen anzudeuten. Das Gesicht ist wie eine Maske, nur der Körper drückt aus, zum Beispiel Hunger, Durst, Tod, Liebe, Glück. Der Körper schafft sich also selbst Hindernisse, die er überwindet. Das Gegengewicht ist der Schlüssel zur Kunst des Mimen. Der Wind zum Beispiel ist unsichtbar. Wir müssen ihn sichtbar machen. Wie drücken wir aus, daß der Wind gegen uns weht? Mit dem Gegengewicht des Körpers geben wir den Eindruck vom Gewicht des Windes wider. Für das Gehen im Wasser gilt genau dasselbe. ... Die Pantomime gebraucht in der Tat das Gesicht und das Mienenspiel. Das Mienenspiel kann lyrisch sein, es kann erschüttern, es kann abstoßen. ... Der Stil in der Kunst des Mimen nähert sich so den Bewegungszeichen des fernöstlichen Tanzes. Daher entlehnen wir gewisse Gesten aus diesem Tanz: zum Beispiel wenn Fisch, Wasser oder die Schwere der Luft darzustellen sind." A. *Tairow:* „Die Form der Pantomime ist zweifellos die Geste, die Körperbewegung – in der weitesten Bedeutung des Wortes. ... in den Momenten der höchsten Anspannung des Gefühls entsteht *das Schweigen.* Die Pantomime ist keineswegs eine Darstellung für Taubstumme, in der Worte durch Gesten ersetzt werden, die Pantomime ist eine Darstellung von solcher Größe, solcher Entblößung des Geistes, daß das Wort *erstirbt.*"

Zu der „Sprache mittels Gebärden" sagen die Brüder Grimm: „Die Tonsprache verdrängte die Natursprache des ganzen Menschen, die physiognomische, die Gebärdensprache ... jene alte Kunst der Pantomime, *jene Art von Gebärdensprache, die ohne Wörter wollte verstanden sein.*"

Die Gebärde ist von der *Miene,* das Gebärdenspiel von dem Mienenspiel zu unterscheiden. Kant hat einmal gesagt, daß Mienen ins Spiel gesetzte Gesichtszüge sind; in der Regel ist auch die Miene nur auf das Gesicht bezogen. Grimm sagen „die ins Spiel gesetzten Gesichtszüge (können) als eine heitere, ernste, feierliche, stolze, höhnische, düstere Miene" gedeutet werden, „die Empfindungen der Unschuld, der Heiterkeit und der Güte des Herzens" auszudrücken vermögen. In diesem Zusammenhang verdienen die Begriffe Mienenspiel und Mienensprache noch erwähnt zu werden.

Den schon erwähnten Begriff der *Geste* erläutert ein Wort des englischen Dichters John Milton (Paradise Lost) sehr gut: „Grace was in all her steps; Heav'n in her eye; In every gesture dignity and love." Wie könnte eine Geste des Gewinnens lieblicher und überzeugender ausgedrückt werden?

Zu diesen Urformen zwischenmenschlichen Lebens, die durchaus Formen der Werbung sein können, gehört auch das *Zeichen.* Auch hier ist des Kontrastes wegen auf das Zeichen hinzuweisen, das Kain wegen des Brudermordes zu tragen hatte; es ist auch zu bemerken, daß wir uns mit Blicken Zeichen zu geben vermögen. Aber auch hier ließe sich der Hinweis auf scharfe Kontraste vermeiden, würden nicht dadurch die Konturen des Phänomens Werbung erst deutlich und klar. Das Buch der Bücher gibt uns für den Begriff des Zeichens ein wunderbares Beispiel, das für eine Art des Gewinnens und Überzeugens steht, die keinerlei logischer Argumente mehr bedarf: „Und Gott sprach: Es werden Lichter an der Feste des Himmels, die da scheiden Tag und Nacht, und geben Zeichen, Zeiten, Tage und Jahre" (1. Mos. 1.14). Hier wird den Zeichen des Himmels ein Symbolgehalt von geradezu missionarischer Kraft gegeben.

Alle bisher skizzierten Erscheinungsformen, die auch Äußerungen des Werbens sein können (Blick, Gebärde, Miene, Geste, Zeichen) setzen voraus, daß zu ihnen ein Initiator gehört, jemand, der sie gewissermaßen auslöst: Da ist jemand – und zwar nicht unbedingt ein Mensch! – der einen „Blick wirft"; der eine „Gebärde macht"; der eine „Miene spielen läßt"; der sich „einer Geste bedient", wie sie nicht besser zu beschreiben ist als wie mit den Worten von John Milton oder der „ein Zeichen setzt".

Diese Begriffe schließen ein, daß sie nur vereinzelt erkennbar werden, niemals aber in ununterbrochener Folge. Wir beobachten aber immer wieder, daß solche Formen der Äußerung jedoch Wandlungen herbeiführen können, Veränderungen bei Menschen, die als Verhaltensänderungen für die Prozesse der Werbung von ganz besonderer Bedeutung sind.

Die Brüder Grimm erläutern den Begriff des *„Gebaren"* als „so und so tun", als „sich betragen" und als „sich benehmen, sich halten oder verhalten" aber im ausdrücklichen Sinne von „angenommenem Gebaren" und in der Erweiterung auf ein „Benehmen vor Leuten". Die persönlichen Bezüge werden mit „sich gebaren" (wie „sich gebärden") oder „sich betragen" belegt. *Hier ist aus der vereinzelten Gebärde eine Verhaltensweise und eine Gewohnheit geworden.*

Wenn nun schon das Wort „Gebaren" als Bezeichnung einer Verhaltensweise auf das althochdeutsche „peran = tragen" zurückgeführt wird, auf „ein Tragen der Glieder – die Mienen nicht ausgeschlossen –", dann wird eine mit *Gehaben* gekennzeichnete Verhaltensweise auf ein verstärktes „haben" zurückgeführt. „Ein einfaches Gehaben tritt zumeist für haben ein . . . Es bedeutet eigentlich, sich so und so halten, gebaren . . . sich ehrlich gehaben . . . sich wohl oder übel gebaren". Die Grenzen zwischen Gebärde, Gebaren und Gehaben sind, wie sich zeigt, sehr flüssig und nicht genau zu bestimmen.

In seinen Abhandlungen „Über tierisches und menschliches Verhalten" (Band I, 1965, S. 209 ff.), die mit ihrer Vielzahl von Beispielen auch für die hier angestellten Überlegungen von besonderer Bedeutung sind, führt Konrad *Lorenz* einen von O. Heinroth geprägten Ausdruck „Imponiergehaben" an. Lorenz schildert manche Reaktionen unter Tieren, die er als „Werbehandlungen" deutet. Andere Gebaren aber, die eine Reaktion bei anderen Tieren auslösen sollen, wobei Gehaben und Prachtkleider als „typische Auslöser" einer bestimmten Antworthandlung anzusehen sind, können auch den Charakter einer Drohwirkung haben. Lorenz ist nicht ganz damit einverstanden, daß diese Art der Droh- und Werbewirkung in der englischen Literatur als „display" bezeichnet wird. Sein Vergleich zwischen tierischem und menschlichem Imponiergehaben ist auch in einem knappen Auszug überzeugend.

„Imponiergehaben im weiteren Sinne ist im Tierreich ungemein weit verbreitet. . . Echtes Imponiergehaben gehört zu den wenigen unzweifelhaften Instinkthandlungen des Menschen. . . Das primitive Imponiergehaben besteht vielmehr darin, daß alle gewöhnlichen Bewegungen des Tieres mit einem auffallenden und zu ihrem eigentlichen Zwecke unnötigen Kraftaufwand ausgeführt werden. Das Verhalten des werbenden Grauganters zeigt diese Form des Imponiergehabens in besonders reiner Ausbildung. Jede einzelne Bewegung eines solchen Vogels wird mit einem solchen Übermaß von Muskelkraft ausgeführt, daß auch der Unvoreingenommene den unmittelbaren Eindruck von etwas gewollt Gespanntem, Geziertem empfängt. Beim Gehen und Stehen drückt der Vogel die Brust heraus und hält sich sehr aufrecht. Die Schrittlänge wird größer, das Schreiten langsamer. Das gewöhnliche Hin- und Herdrehen des Körpers bei jedem Schritt wird übertrieben, so daß es geradezu aussieht, als ob der Vogel mühsamer als sonst gehe. . .

Das Imponiergehaben des Menschen zeigt die größte Ähnlichkeit mit dem der Graugans. Auch durchaus hochwertige und mit Selbstkritik begabte Männer werden unter Umständen bei körperlichen Betätigungen, ich will einmal sagen beim Skilaufen oder auf dem Eislaufplatz, in allen ihren Bewegungen ganz wesentlich kraftvoller und schneidiger, wenn sich die Zahl der Zuschauer um ein anziehendes Mädchen vermehrt.

Bei primitiveren oder nicht ganz erwachsenen Menschen tritt dann häufig . . . ein Bekämpfen oder wenigstens ein Belästigen schwächerer Scheingegner ein. Die merkwürdigste Tatsache ist aber wohl darin zu sehen, daß viele Menschen die für das Imponiergehaben bezeichnende Kraftvergeudung mit einer Maschine ausführen, wenn sie gerade eine solche steuern. Ich habe wiederholt beobachtet, daß

Motorradfahrer in solchen Fällen durch Gasgeben und gleichzeitige Verstellung der Zündung die Lärmentwicklung und den Kraftverbrauch steigern, ohne die Geschwindigkeit wesentlich zu vergrößern. In gleicher Weise ist oft jähes Bremsen und allzu kraftvolles Beschleunigen von Kraftfahrzeugen zu erklären."

In Zusammenhang mit dem Begriff des „Gehaben" muß noch auf verschiedene dieser Formen, die Lorenz schildert, verwiesen werden: Ausdrucksbewegung und Intentionsbewegung (a. a. O. S. 38), Versöhnungs- und Unterwürfigkeitshaltung (a. a. O. S. 43), über das Warnen (a. a. O. S. 178), Auslösetriebhandlungen (a. a. O. S. 158). Alle diese Formen können Teilelemente des Gehabens sein.

Eng verwandt mit den Begriffen Gebaren und Gehaben ist der Begriff der *Haltung. Aus einem bloßen Gebaren oder Gehaben kann eine echte Haltung werden,* die durch die Brüder Grimm wie folgt interpretiert wird: „Sehr häufig und namentlich in der modernen Sprache hat sich Haltung in der Bedeutung des Verweilens in einem Zustande, einer bestimmten geistigen Richtung ergeben. Bei Personen bezeichnet es die Art und Weise des sich Verhaltens, das Gebaren jemandes. Haltung drückt . . . ein Festhalten aus."

Die Erklärung einer Unternehmung über ihre ‚Haltung', wie sie in der modernen Public Relations-Literatur immer wieder belegt wird, deutet gerade das an, was von den Brüdern Grimm bereits vor 100 Jahren gesagt worden ist: „Festhalten oder Verharren in einer bestimmten geistigen Richtung", die durch die Entscheidungen der unternehmerischen Politik festgelegt worden ist.

Während der Begriff „Haltung" einen Zustand des Verweilens umschreibt, umfaßt der Begriff „Verhalten" oder „Verhaltensweise" (behavior) einen in Bewegung befindlichen Prozeß. Seit Leopold *von Wiese* sein klassisches Werk „Allgemeine Soziologie, Teil I: Beziehungslehre" (München 1924) veröffentlichte, in welchem er auf die Wissenschaft vom Verhalten (behaviorismus) hinwies, ist die Literatur hierüber kaum noch zu übersehen. „Die soziologische Lehre vom Verhalten der Menschen beschränkt sich keineswegs auf

ein Studium der physischen Reaktionserscheinungen von Lebewesen auf äußere Reize, wenn sie von ‚behavior' spricht" (v. Wiese, Göschen Bd. 101, S. 74). Die empirische und theoretische Verhaltensforschung hat für das Phänomen der Werbung, um das es hier geht, eine große Bedeutung.
Kann nun aus diesen hiermit angedeuteten Prozessen, die sich in ständiger Bewegung befinden, für eine Persönlichkeit, eine Unternehmung oder eine Organisation irgendwelcher Art eine in sich ruhende und aus sich lebende *Gestalt* entstehen, über die sich ein *Bild der Erscheinung* machen oder gewinnen ließe? Können wir irgendetwas so vor Augen gestellt bekommen oder selbst anderen vor die Augen stellen, daß das Wesen des Dargestellten so gezeigt wird, wie es beschaffen ist und wie es mit unterscheidenden Merkmalen tatsächlich aussieht?

Aus unserer Verhaltensweise eine solche Gestalt gewinnen und diese Form einer Person oder einer Sache, als Charakterbild oder als Idee sichtbar machen, als wäre es Wirklichkeit, – das ist eine der größten und schönsten Aufgaben in allen Prozessen des Werbens überhaupt.

Chr. v. *Ehrenfels* hat in seinem berühmten, eine ganze Lehre begründenden Aufsatz: „Über ‚Gestaltqualitäten'" im Jahre 1890 einige unverrückbare Erkenntnisse niedergelegt: „‚Gestalten' (die ich) nicht als bloße Zusammenfassung von Elementen, sondern als etwas (den Elementen gegenüber, auf denen sie beruhen), Neues und bis zu gewissem Grade Selbständiges betrachte." (a. a. O. S. 250) *Ehrenfels* führt dann den Hauptbegriff aus dem Titel seiner Arbeit ein, um anschließend festzustellen: „Unter Gestaltqualitäten verstehen wir *solche positiven Vorstellungsinhalte, welche an das Vorhandensein von Vorstellungskomplexen im Bewußtsein gebunden sind,* die ihrerseits aus von einander trennbaren (d. h. ohne einander vorstellbaren) Elementen bestehen."

Ein solches Bild der Erscheinung kann von hohem Wert, kann aber auch ein Abbild des Betruges oder eine Täuschung sein; auch hierfür ließe sich aus der Weltliteratur ein ganzer Katalog zitieren.

Wie flach, fahl und wesenlos wirkt hier ein Wort, das bei uns geradezu wie eine Pest grassiert: „Image"! Die für ihre scharfsinnigen politischen Analysen bekannte Dr. Marion Gräfin Dönhoff hat im Sommer 1965 in einer Betrachtung über die damaligen Wahlchancen von dem „Fluch der Image-Produzenten" und von dem „Unwesen der Illusionsgaukler" gesprochen; andere Kommentatoren haben zur gleichen Zeit davon gesprochen, daß ein Vorstellungsbild von einem „Image-Macher" oder von einem „Masken-Bildner" zu „gestalten" sei, daß als „Stromlinien-Image" dazu noch „kosmetisch hergemacht" sein müsse.

Diese, zwar aus dem Zusammenhang gerissenen, aber dadurch nicht entstellten Formulierungen, verlieren jede Kraft, wenn man sie auf die Vorstellungen von *einer Gestalt als Bild der Erscheinung* oder als Vorstellungsbild projiziert.

Die hier skizzierten Prozesse, mit ihrer Spannweite vom Blick bis zur Gestalt, umreißen den weiten Bogen menschlichen Daseins, das mit lebensvollen Kräften des Zu- und Miteinander erfüllt sein kann und das gefährdet sein kann von den tödlichen Geiferungen des Gegen- und Auseinander.

Blick, Gebärde, Miene und Mimik, Geste und Zeichen, – aber auch Gebaren, Gehaben, Haltung, Verhalten, Gestalt und Vorstellungsbild müssen (da sich alles unter und zwischen Menschen vollzieht) doch eine Ursache oder sogar eine Fülle von Ursachen haben! Sie sind aufzuspüren, wenn wir uns dem Phänomen der Werbung überhaupt nur nähern wollen.

III. Die Welt der menschlichen Begehrungen

Das Buch der Bücher macht uns in seinem Bericht über die zehn Gebote bekannt mit einem Wort, das zu den Grundkategorien des Denkens über die Prozesse der Werbung gehört; dieses Wort „begehren" steht hier im Zusammenhang mit dem Verlangen nach Besitz.

Wir begegnen schon in den Anfängen der Menschheit dem „Begehren" nach Besitz von Gold und Silber. (WW, 17–36).

Auch in dem Bericht über das Sterben in der Wüste vor Hunger finden wir jene weitere Kategorie, deren wir in der systematischen Analyse der Prozesse der Werbung nicht entraten können, in der Aufforderung „das Volk soll hinaus gehen und sammeln täglich, was es des Tages *bedarf*" (2. Mos. 16,4). Zu den Urformen der Werbung gehören: „zu begehren" und „zu bedürfen"; dazu gehören „das Begehren" und „der Bedarf".

Carl *Menger* hat in seinen „Grundsätzen der Volkswirtschaftslehre" (1. Aufl., Wien 1871) die für alle Zeiten gültige Feststellung getroffen:

„Der Ausgangspunkt aller wirtschaftstheoretischen Untersuchungen ist die bedürftige Menschennatur. Ohne Bedürfnisse gäbe es keine Wirtschaft, keine Volkswirtschaft, keine Wissenschaft von derselben. Die Bedürfnisse sind der letzte Grund, die Bedeutung, welche ihre Befriedigung für uns hat, das letzte Maß, die Sicherstellung ihrer Befriedigung, das letzte Ziel aller menschlichen Wirtschaft."

Sind die Bedürfnisse wirklich „der letzte Grund"? Ruhen diese schon seit eh und je erkannten „Begehrungen" nicht doch noch in Bereichen oder Schichten des menschlichen Empfindens oder gar der Seele, die wir nur sehr schwer zu erfassen und zu begreifen vermögen?

Wir kennen den Begriff *Instinkt* als Bezeichnung für „Nötigung zu gewissen Tätigkeiten" (C. G. *Jung*) oder als Bezeichnung für „rein ererbtes, zweckmäßiges Handeln" (W. *Hehlmann*), H. *Rohracher* (Einführung in die Psychologie, 8. Aufl., Wien 1963) ordnet diese „psychischen Kräfte" in folgende Gruppen:

die vitalen Triebe
die sozialen Triebe
die funktionalen Triebe

und daneben stellt er die „Süchte" mit folgender Erläuterung: „Bisher wurde nur von Triebregungen gesprochen, die dem Menschen *angeboren* sind: Nahrungstrieb, Geschlechtstrieb, Spieltrieb, Neugier – *alles das bringt der Mensch ins Leben mit.* In der modernen Welt spielen aber noch andere Triebe eine sehr große Rolle; Triebe, *die im Laufe des Lebens entstanden* sind: die „Süchte". Hierzu zählt er das Begehren nach Genußgiften wie Nikotin, Alkohol, Koffein usw.

Darüber hinaus sieht Rohracher für uns Menschen noch einen Bereich der Triebe, die er geistige Interessen nennt.

Sigm. *Freud* (Neue Folge der Vorlesungen zur Psychoanalyse, 1. Aufl. 1944, 15. Bd., S. 101 ff.) sagt dazu:

„Die Trieblehre ist sozusagen unsere Mythologie. Die Triebe sind mythische Wesen, großartig in ihrer Unbestimmtheit. Wir können in unserer Arbeit keinen Augenblick von ihnen absehen und sind dabei nie sicher, sie scharf zu sehen. Sie wissen, wie sich das populäre Denken mit den Trieben auseinandersetzt. Man nimmt so viele und so verschiedenartige Triebe an, als man eben braucht, einen Geltungs-, Nachahmungs-, Spiel-, Geselligkeitstrieb und viele dergleichen mehr. Man geht nicht irre, wenn man zunächst zwei Haupttriebe, Triebarten oder Triebgruppen unterscheidet, nach den zwei großen Bedürfnissen: Hunger und Liebe . . . Ein Trieb unterscheidet sich also von einem Reiz darin, daß er aus Reizquellen im Körperinneren stammt, wie eine konstante Kraft wirkt und daß die Person sich ihm nicht durch die Flucht entziehen kann, wie es beim äußeren Reiz möglich ist. Man kann am Trieb Quelle, Objekt und Ziel unterscheiden. Die Quelle ist ein Erregungszustand im Körperlichen, das Ziel die Aufhebung dieser Erregung; auf dem Wege von der Quelle zum Ziel wird der Trieb psychisch wirksam. Wir stellen ihn vor als einen gewissen Energiebetrag, der nach einer bestimmten Richtung drängt. Von diesem Drängen hat er den Namen: Trieb. Man spricht von aktiven und passiven Trieben, man sollte richtiger sagen: aktiven und passiven Triebzielen."

Nun werden diese „psychischen Kräfte", unsere Triebe und Interessen, auch als „Motive" bezeichnet, und in dem Kapitel „Der Motivationsprozeß" (a. a. O. S. 461) sagt *Rohracher:* „Als Hypothese läßt sich die Auffassung vertreten, daß die Motive nichts anderes sind als unsere Triebe und Interessen."

„Motivation" wird mit Motivierung, mit Angabe der Beweggründe des Willens, und „Motiv" wird mit Beweggrund, Anlaß, Antrieb, aber auch mit Ursache des Wollens gleichgesetzt.

Dieses „System von Trieben" (Atmungstrieb, Ernährungstrieb, Bewegungstrieb und Spieltrieb, Geschlechtstrieb, Mitteilungstrieb, Wahrnehmungstrieb) ist – nach F. *Jodl* (Lehrbuch der Psychologie) als „die ursprüngliche Ausrüstung des Menschen" zu bezeichnen; *Rohracher* sagt, daß sie den Menschen „angeboren" sind. Wir bezeichnen diese Triebe und Motivationen auch als *„Primär-Motivationen".* Hierzu ist zunächst nach Abgrenzungen zu fragen: D. O. *Hebb* führt fünf „primäre" Motivkomplexe an, die teils zu den „niederen" oder „vitalen" Motivgruppen gehören, neben denen aber auch „höhere" Antriebselemente oder Beweggründe für menschliches Handeln stehen können.

Die Antriebselemente, mit denen unser Organismus „ausgestattet" ist, die uns angeboren sind, werden als „Primär Motivation" bezeichnet; es sind dieses die elementaren und oft nur halbbewußten Strebungen, die mit verschiedenen Stärken in die unterschiedlichsten Richtungen drängen können.

Neben diesen „primären" Antriebselementen stehen aber jene, die die Menschen lernen oder erlernen können; die sie durch Beobachtungen erfahren und die sie sich durch Gewöhnung anzueignen vermögen. Diese „lernbaren" Antriebe werden in der Fachsprache der Psychologen mit *„Sekundärer Motivation"* bezeichnet.

D. O. *Hebb* vergleicht in seiner Studie „Conceptual nervous system" (Deutsch in: Thomae, Die Motivation menschlichen Handelns, S. 431 ff.) den menschlichen Organismus mit einem Auto, bei dem die Steuerung von der eigentlichen Kraftquelle oder dem Antrieb getrennt ist, und er sagt dann: „Der Organismus ist wahrscheinlich mit drei oder mehr verschiedenen Energiequellen ausgestattet. Sobald man sie einzeln aufzählt, wird man fünf auf jeden Fall berücksichtigen müssen: Hunger, Durst, Schmerz, Muttertrieb, Sexus." Wenn auch die Steuerungsfunktion unterschiedlichen Grades sein kann, „indirekt wird die Steuerungsfunktion der Antriebe durch das ‚Erfolgsgesetz' stark vergrößert. Diesem Gesetz zufolge werden Gewohnheiten (Steuerungsfunktionen) allein in Verbindung mit der Einwirkung von Antrieben erworben. . . Einmal werden zusätzliche Antriebsarten (Aktivitätstrieb, exploratorisches Bedürfnis, Betätigungsdrang etc.) postuliert, zum anderen erworbene oder *gelernte Antriebe,* die ihre Energie sozusagen aus Assoziationen mit primären Antrieben erhalten."

Hierzu sagt Ph. *Lersch* (Wesen und Bedeutung der Antriebserlebnisse, – ebenfalls bei Thomae –): „Jeder Antrieb, jeder Drang wird erlebt in der Form einer besonderen Zuständlichkeit oder Befindlichkeit, eines bestimmten Zumuteseins. Wir erleben im Drang einen Zustand des Mangels, der Bedürftigkeit, über den wir hinausstreben: so im Hunger, im Durst, aber auch im Drange nach Geltung und Macht und ebenso in den höheren Strebungen, etwa im Falle der sogenannten Gemütsbedürfnisse oder in dem des metaphysischen Bedürfnisses, in dem Schopenhauer die Grundlage aller Weltanschauung sieht. Der Begriff des Bedürfnisses umschreibt am allgemeinsten und unverbindlichsten jene *Grund*befindlichkeit, von der alle Antriebserlebnisse durchtönt sind. Ein Bedürfnis treibt mich dazu, mich so oder so zu verhalten, zu essen, zu trinken, zu schlafen, das Theater oder ein Museum zu besuchen, mit Freunden zusammenzusein. Jeder weiß aus der alltäglichen Erfahrung, wie ein Bedürfniseindruck sich im Bewußtsein auswirkt und uns zum Handeln stimuliert."

D. O. *Hebb* berichtet zu dem „exploratorischen Bedürfnis", dem Ur-Trieb der Neugier, über folgendes Experiment: „Allen 600 Schülern einer Stadtschule im Alter von 6–15 Jahren wurde gleichzeitig mitgeteilt, sie brauchten nicht zu arbeiten, wenn sie nicht wollten; die Strafe für Lärmen und die Störung der Arbeit anderer würde darin bestehen, daß man auf den Schulhof zum Spielen geschickt würde, die Belohnung für gutes Betragen darin, daß man noch mehr arbeiten dürfe. Unter diesen Umständen entdeckten alle Schüler nach einem oder zwei Tagen, daß sie innerhalb bestimmter Grenzen die Arbeit dem Nichtstun vorzogen (und sie lernten dabei mehr Mathematik u. ä. als in den vorhergehenden Jahren)."

Der nicht aus der amerikanischen *Werbe*fachsprache* stammende Begriff *„sekundäre Motivation"* ist vielleicht bei uns deshalb kaum in Kurs gekommen, weil er aus der Fachsprache der Psychologen entnommen ist. C. L. *Hull* mit seinen „Principles of behavior" (1943) und seinem Werk „A behavior system" (1952) und N. E. *Miller* mit seinen „Experimental studies" (1944) haben um diesen Begriff der „Sekundären Motivation" das wissenschaftliche Verdienst.

In einer Anzeige für drei Sorten einer weltbekannten Feinseifenmarke (Badeseife, Seife für Kleinstkinder und eine hautschonende Seife) lautet das tragende *Lehr- und Lernelement* der Textgestaltung: „Feine Seifen für jede Haut". Im einzelnen heißt es: Die Badeseife mit natürlichem Lavendelöl überfettet; die Baby-Seife ist überaus mild und reizlos und – für die dritte Sorte – sie reinigt hautschonend. Hier werden Antriebselemente in einer sehr verdichteten Sprache lehrhaft dargeboten, und zwar aus der klaren Erkenntnis heraus, daß solche (sekundären) Motivationen im Verlauf der täglichen Prozesse des Lernens aufgenommen und angewöhnt werden können.

In einer anderen Anzeige einer in vielen Märkten der Welt operierenden Unternehmung, werden „Audio-visuelle Unterrichtsmittel" angeboten, die der Berufsausbildung und der Berufsförderung dienen.

* Dennoch sei auf das Kapitel:
General Motivation in Lucas und Britt „Advertising Psychology and Research" (New York 1950) hingewiesen.

Die Anzeige läßt keinen Ansatz zur Kritik offen. Wichtigstes Argument in diesem Angebot (das ja ein Angebot ist, etwas zu vermitteln, etwas Lernbares darzubieten): „Durch die audio-visuellen Unterrichtsmittel können Sie ein Drittel Ihrer Unterrichtszeit ausschließlich dazu verwenden, Gelerntes zu intensivieren und auszubauen." Mit diesen *„Sekundärmotiven" des „Lernens"* befaßt sich E. C. *Tolman* in seiner Arbeit „Ein kognitives Motivationsmodell" (ebenfalls bei Thomae, S. 448 ff.). Sein Denkmodell enthält drei Grundbegriffe: 1. das Bedürfnissystem, 2. die Überzeugungs-Wertmatrix und 3. den unmittelbaren, konkreten Verhaltensraum. Stark gerafft sagt dann Tolman: „... für die endgültige Vorhersage eines aktuellen Verhaltens in einer bestimmten Situation ... (müssen wir) ... auch den momentanen Reiz und die Reizbedingungen (kennen), denen es (das Individuum) jetzt und hier ausgesetzt ist. ... das resultierende Verhalten (kann) dazu tendieren, die äußere und innere Situation für das Individuum zu verändern, so daß sein Verhaltensraum ... und sogar sein Bedürfnissystem bei künftigen Gelegenheiten anders aussieht. Diese Veränderung des eigenen Verhaltensraumes ... kann im Falle des einfachen unmittelbaren Verhaltens ausschließlich im additiven Lernen, d. h. in der Verstärkung der unmittelbaren Erwartungen der bereits wirksam gewordenen Überzeugungen bestehen. ... schließlich können solche Veränderungen ... zu der Errichtung von neuen oder gesteigerten Bedürfnissen des Bedürfnissystems führen."

Nachdem die Literatur über die Wirkungskontrolle der Werbung so umfangreich geworden ist, daß man nur noch mit Mühe die Übersicht behalten kann, ließe sich ein sehr *einfaches Verfahren der Vorprüfung vieler Werbemaßnahmen* empfehlen:

Wir sollten festzustellen versuchen:

1. Welche primären und vor allem, welche *sekundären Motivationen* sollen durch unsere Werbebotschaften angesprochen werden?
2. Welche „lernbaren Antriebe" haben in diesen Werbebotschaften das stärkere Gewicht zu haben?

3. Werden die „lernbaren Antriebe" von den textlichen und grafischen Gestaltern so interpretiert und präsentiert, wie es die der Werbemaßnahme zugrunde liegenden Absichten fordern?

Die Stufung, die in diesem Abschnitt aufgezeigt wurde, verläuft nicht immer in der linearen Folge „Instinkt–Trieb–Begehren"; – dafür ist die „bedürftige Menschennatur" *(Menger)* ein zu rätselhaftes Wesen. Primäre und sekundäre Motivationen verdichten sich zu Wunschvorstellungen, zu deren Realisation große und starke Energien freigesetzt und auf feste Ziele gerichtet werden.

IV. Die Wunschvorstellungen über den menschlichen Bedarf

Carl *Menger* hat den Begriff der „Begehrungen" einmal wie folgt umschrieben: „Über die Wahrnehmungen durch die Sinne (z. B. Wärme wahrgenommen durch unser Gefühl) werden uns die Mittel und ihre Wirkungen bekannt. Es entsteht in uns der Drang, uns dieser Mittel zur Stillung der Triebe zu bemächtigen." Diese Definition ist von Wilhelm *Vershofen* entscheidend erweitert worden, wenn er sagt: „Bedürfnisse sind Begehrungen, die aus der Ganzheit der Umwelt der Menschen erwachsen." Diesen weit gefaßten Rahmen hat Wilhelm *Vershofen* in seinem Handbuch der Verbrauchsforschung (Berlin 1940, S. 165) wie folgt umrissen:

„Der Mensch lebt ja nicht, um verbrauchen zu können, sondern, um seine besondere Aufgabe als geistbegabtes Wesen zu erfüllen. Menschliche Gesellungen, zumal in der Gestalt der Völker, haben besondere Aufgaben zu erfüllen. Deshalb haben sie Geschichte, politische sowohl wie kulturelle Geschichte. Für die Betätigungsgebiete, die weit über die bloße Selbsterhaltung hinausgehen, muß die volle Kraft eingesetzt werden, denn sie allein geben dem menschlichen Leben Sinn. Von ihnen aus erhält jedes Tun des Menschen seine besondere Ausrichtung, auch das Wirtschaftliche. Und deshalb muß man sagen, daß der Sinn des Wirtschaftens die Gemeinschaft ist. Das aber bedeutet, daß Wirtschaften so eingerichtet sein muß, daß es in möglichst vollkommener Weise der Gemeinschaft zu dienen vermag."

Die menschlichen Begehrungen richten sich also nicht nur auf materielle Dinge, sondern auch auf geistige und kulturelle Ziele, die fast ausschließlich zu den sekundären Motivationen gehören. Es handelt sich um Antriebe, die sowohl lernbar als auch lehrbar sind. Das zu sehen ist wichtig.

Die Mittel zur Befriedigung von Bedürfnissen haben die Menschen in jenen Urzeiten in der Natur gefunden; aber wie sich der Bereich der persönlichen Motivationen durch Lernen erweitert hat, so hat sich auch der Bereich der Kenntnis von Mitteln zur Befriedigung von Bedürfnissen durch Lernen erweitern lassen. Ausgehend von Tauschgütern, die einmal nur den Charakter von Gastgeschenken gehabt haben mögen, sehen wir schon sehr bald die Verbreitung von Wissen über Erzeugnisse von Handwerkern oder Spezialisten. Infolge der immer arbeitsteiliger werdenden Tätigkeit der Menschen, begannen diese schon sehr bald damit, ihre Erzeugnisse für noch unbekannte Begehrungen herzustellen.

Der schon sehr früh einsetzende Prozeß der Spezialisierung nicht nur in der Herstellung, sondern auch in der Distribution dieser Erzeugnisse (soweit sie nicht „auf Bestellung" hergestellt wurden) entwikkelt gute Voraussetzungen für die später einsetzende Industrialisierung der Erzeugung (WW, 20 ff.).

Friedrich Frhr. *von Wieser* hat den Begriff, der sich jetzt nahelegt, wie folgt definiert: „Bedarf ist die Gesamtheit der in einem gegebenen Zeitraum zur vollständigen (quantitativen und qualitativen) Befriedigung der Bedürfnisse erforderlichen Gütermenge (Waren)." Mit dieser Definition wird „Bedarf" gleichgesetzt mit „Menge der Befriedigungsmittel".

Neben den *persönlichen Bedarf* tritt schon sehr bald der *industrielle Bedarf*. Dadurch daß der Bedarf nun auch durch unbekannte Begehrungen geltend gemacht wird, kommt für den Hersteller ein neues

Moment für seine Überlegungen auf: Er muß im Voraus das Risiko für den Einkauf von Roh- und Hilfsstoffen, für die im voraus zu honorierende Arbeit und für die Lagerung von Erzeugnissen für eine noch unbekannte Nachfrage übernehmen.

Je nach dem, ob die für die Bedürfnisbefriedigung hergestellten („bereiteten") Mittel dem sofortigen und unmittelbaren Verbrauch dienten, sprach man schon sehr bald von *Verbrauchsgütern*; wenn sich der Verzehr aber über einen längeren Zeitraum hinzog, dann sprach man von *Gebrauchsgütern*. Das war besonders der Fall, wenn diese Erzeugnisse zur Herstellung anderer Erzeugnisse benutzt wurden.

Wilhelm *Vershofen* hat die Begriffe „brauchen", „gebrauchen" und „verbrauchen" gegeneinander abgegrenzt; er kam bei der Erläuterung des Begriffes „verbrauchen" schon sehr früh zu der Kategorie der „Marktentnahme", die für unsere Erkenntnis eine entscheidende Bereicherung bedeutet. Das Erzeugnis, das aus dem Markt „entnommen" worden ist, kann als „verbraucht" angesehen werden.

Dieser Erkenntnis hat Wilhelm Vershofen selbst dadurch Ausdruck verliehen, daß er das 1940 erschienene Handbuch der Verbrauchsforschung in der Neuauflage von 1959 mit dem Titel „Die Marktentnahme als Kernstück der Wirtschaftsforschung" versah. Mit diesem Begriff „Marktentnahme" hat Wilhelm *Vershofen* den Begriff des Verbrauchens geklärt.

Es ist eine gesicherte Erkenntnis, daß Begehrungen *starr* oder *elastisch* sein können; deshalb spricht man auch von *starrem Bedarf* und *elastischem Bedarf*. In den Bereich des starren Bedarfs gehören gewisse Grund- und Existentialbegehrungen nach Ernährung, Wärme oder Behausung. Viele Bedarfsvorstellungen, die darüber hinaus gehen, können sehr elastisch gehalten werden; bei einzelnen Erscheinungsformen des Bedarfs sogar bis zum Verzicht!

Die *Intensitätsgrade des Bedarfs* spielen eine große Rolle, wenn es darum geht, zu zuverlässigen Vorausschätzungen des Bedarfs zu kommen. Diese Vorausschätzungen im Rahmen der tatsächlichen Entwicklung zu halten, erfordert die Beherrschung von analytischen Forschungsmethoden, die erst in den letzten Jahrzehnten entwickelt worden sind und auf die in dem Göschen-Band 1232 zurückzukommen ist.

Diese Überlegungen über starren und elastischen Bedarf gelten auch für den Bereich der industriellen Wirtschaft, wo sich solche Vorausschätzungen in Entscheidungen über den Ausbau oder die Schrumpfung von Produktionskapazitäten niederschlagen.

Schon im vorindustriellen Zeitalter haben wir Formen des Ausgleichs von „Begehrungen" und „bereiteten Mitteln" *(Vershofen)* gekannt, die die Bezeichnung „klassisch" verdienen.

Im absatzwirtschaftlichen Denken unserer Zeit hat aber die Vorstellung von einem *Markt* als ein „in vorstädtischen Siedlungen oder am Schnittpunkt von Handelsstraßen, an Flußübergängen oder neben politischen oder kirchlichen Mittelpunkten angelegter Platz für Handelszwecke" (Großer Brockhaus, 1955) keinen Raum mehr.

Die Vorstellung, ein Markt sei irgendwie an Zeit und Raum gebunden, haben wir schon seit langem verlassen; im Begriff des Marktes ein bestimmtes räumliches Gebiet oder eine bestimmte Periode zu sehen, bedeutet eine Einengung des Marktbegriffes (wenn auch viele Messen zu einer bestimmten Zeit und an einem bestimmten Ort stattfinden). Hanns *Linhardt* sieht im „Markt" „diejenige ständige Tauschorganisation, bei der sich Angebot und Nachfrage treffen", und unter dem wissenschaftlichen Einfluß von Wilhelm *Vershofen*, Georg *Bergler* und Erich *Schäfer* – deren Zusammenwirken eine besondere Würdigung verdiente! – hat sich, von der „Nürnberger Schule" ausgehend, bei uns der Begriff „Absatzwirtschaft" fest eingebürgert; in der Konzeption der Absatzwirtschaft hat der Begriff Markt einen festen und organischen Platz.

Aus den USA ist dann, forciert durch die großen Werbeagenturen, die nach dem Kriege in der BRD entstanden, bei uns der Begriff

„marketing" in Kurs genommen. Neil H. *Borden* von der Harvard-Universität in Boston, Mass., der weltbekannte Autor von „The Economic Effects of Advertising" (New York 1942) hat nach seinem Bericht im „Journal of Advertising Research" vom Juni 1964 dem Begriff „marketing" die notwendige Fixierung gegeben, da er ein „mixtum" von folgenden Ingredienzen sei: Produktplanung/Preisgestaltung/Markenwesen/Vertrieb/Persönlicher Verkauf/Werbung/Verkaufsförderung/Verpackung/Schaustellung/Kundendienst/Distribution. (Dieser Komplex wird in dem Göschen-Band über „Wirtschaftswerbung" in extenso behandelt.)

Dieses mit „marketing" bezeichnete Mixtum oder Konglomerat von absatzwirtschaftlichen Funktionen läßt für jene alten Vorstellungen von einem Markt an den Handelsstraßen des Mittelalters oder von dem ‚Markt'-Platz in einer Stadt keinen Raum mehr.

Ein weiteres Charakteristikum unserer Zeit ist die Spezialisierung der Produktion, die eine Singularität und, der Art nach, eine Vereinzelung des Angebotes von Bedarfsgütern zur Folge hat, und die damit zu einer weiteren Auflösung der überkommenen Marktvorstellungen führt.

Wir haben Spezialfabriken für Teppiche, Zahnbürsten, Nägel, Werkzeuge (und darunter wieder Hunderte von Spezialfabriken!), für Maschinen (und darunter wieder Tausende von Spezialfabriken!), für Füllhalter, Nahrungs- und Genußmittel (und darunter wieder Zehntausende von Spezialfabriken!) für Zigaretten, Medikamente, Stoffe, Schuhe, Fertigkleidung (diese singularisiert z. B. nach Geschlechtern, Verwendungszwecken usw.), für Baumaterialien, Verkehrsmittel, Fotoapparate, Autoreifen, optische Geräte aller Art oder für Getränke.

Wilhelm *Zangen* berichtet darüber, daß eine einzige große Unternehmung in sich wieder Hunderte von Spezialabsatzmärkten vereinigt, da sie Kunde ist von vielen hundert Spezialfabriken, die ihre Zulieferer sind. „Ist eine Unternehmung im Automobilgeschäft engagiert, so besteht aller Anlaß, dem Einkauf besondere Aufmerksamkeit zu schenken. In dieser Branche liefert die Zubringerindustrie zwischen 60 und 70 Prozent des gesamten Umsatzes."

Jeder dieser Zulieferer aber sieht für seine Spezialerzeugnisse in den über das ganze Land verstreuten Automobilfabriken seinen Absatzmarkt. Stellt er Lacke her, dann kann sich dieser spezielle Absatzmarkt noch erweitern auf den Bedarf der Hersteller von Kühlschränken und ähnlichem Gerät, das eine gleichartige Oberflächenbehandlung erfordert wie das Auto. *Das Kriterium dieses Absatzmarktes ist die homogene Struktur des Bedarfs; diese Homogenität der „Begehrungen" ist die stärkste Triebkraft zur Bildung singulärer und spezieller Absatzmärkte.*

Wir können diese Tendenz zur Spezialisierung und Singularität in großen, von einander grundverschiedenen Bereichen beobachten, sowohl im Bereiche der Verbrauchsgüter als auch dem der Gebrauchsgüter, im Bereiche der Produktionsmittel und der Konsumgüter, in den Bereichen der Rohstoffe, des Halbzeugs und der Fertigwaren, in den Bereichen der Haupt- und Nebenerzeugnisse, in den Bereichen des Luxusbedarfs und des Existentialbedarfs, in den Bereichen der anonymen und der „markierten" Erzeugnisse – oder, wenn wir z. B. noch die Art des Einkaufs zum Kriterium machen, auch in den Bereichen der convenience goods und der shopping goods.

Angesichts der geradezu atomisierenden Spezialisierung der Erzeugung verliert sich der singulare Begriff Markt vollständig. Jedem einzelnen Erzeugnis, das sich seiner Art nach nicht selten wieder in vielen Sonderformen und Spezialausführungen darbietet, gehört ein eigener Markt zu, d. h. in artverwandten Märkten finden wir immer wieder in sich geschlossene Sondermärkte, in denen sich auch wieder besonders interessierte Bedarfsträger mit den Herstellern von Sonderformen, Spezialerzeugnissen oder (fast wieder!) Einzelfertigungen treffen.

Der große und fast unübersehbare Komplex der Industrie im Ruhrrevier gliedert sich unter dem Blickwinkel der Spezialisierung in die Industrie-Bereiche Bergbau, eisenschaffende Industrie, Groß-Chemie, Elektrizitätsversorgung, Wasserwirtschaft oder Landwirtschaft. Es ist aber sofort erkennbar, daß diese unterschiedlichen Wirtschaftszweige und Industriesparten niemals nach dem politischen Merkmal „Ruhrgebiet" als gesonderter Absatzmarkt angesehen werden können; einen solchen Absatzmarkt „Ruhrindustrie" gibt es nicht.

Ein einfaches Verbrauchsgut wie z. B. Coca-Cola kann vielleicht seine Absatzmärkte noch nach der klassischen Vorstellung eines Johann Heinrich von Thünen mit den Zirkelgrenzen eines Kreises bestimmen. Und auch da kommen schon andere Entscheidungsgründe ins Spiel, indem vielleicht die besten Hotels, Kurhäuser und Kaffees gesondert klassifiziert und erfaßt werden.

Die Besucherin aus Cairo, die sich aus Anlaß eines Staatsbesuches einige Tage in einer Stadt des Ruhrgebietes aufhielt, war erstaunt, daß sie eine bestimmte elektrische Glühbirne nicht in den üblichen Geschäften kaufen konnte. Das mitgebrachte Muster ließ erkennen, daß es sich um eine Glühbirne für ein optisches Gerät handeln mußte. Die Nachfrage bei einer Forschungsanstalt ergab dann, daß es in Europa nur zwei oder drei Hersteller dieser Glühbirnen gibt, und erst auf diesem Wege ließ sich erkennen, daß es sich im großen und komplexen Bereich der optischen Industrie um einen ganz kleinen, sehr engen Spezialmarkt handelte, in dem der Hersteller nahezu jeden Bedarfsträger oder Verbraucher kannte, weil er ihn listenmäßig erfaßt hatte. Der Preis für diese Spezial-Glühbirne war natürlich entsprechend hoch.

Der Hersteller von Grubenlampen, welche in Bergwerken gebraucht werden, die durch schlagende Wetter gefährdet sind, hat dort einen anderen „Absatzmarkt", als wenn es sich um Lampen handelt, die auch für schlagwetterfreie Gruben des Eisenerzbergbaues konstruiert sind. Der Hersteller von Furnierleim hat in Schreinereien, Möbelfabriken oder bei Herstellern von furniertem Holz den von ihm gesuchten Absatzmarkt. Den Herstellern von Navigationsgerät interessieren nur die Luft- und Raumfahrtindustrie, die Reeder und die Werften, wobei zu sagen ist, daß die Werften – genau wie die Automobilindustrie – ein Absatzmarkt sind, der aus tausend segregierten, singulären Sondermärkten besteht, weil auch in einem Schiff tausend Einzel- und Sondererzeugnisse eingebaut sind.

Im „Markt der Teen-Agers" macht sich der auf verschiedenartige Gebrauchs- und Verbrauchsgüter gerichtete Bedarf jener Altersgruppe von jungen Menschen zwischen 13 und 19 Jahren geltend. Ihr Bedarf bestimmt sich sehr stark von Wunschvorstellungen, die sich oft im Gegensatz zur Generation der Erwachsenen entzünden; sie bestimmen sich aus unklaren Träumen und auch aus den ersten Spannungen des in ihnen erwachenden persönlichen Lebens. Eins aber ist diesem Markte, mit geringen Unterschieden nach Landschaften und Nationalitäten, eigen: die Bedarfsstruktur im „Markt der Teen-Agers" (für den es praktisch keine räumlichen oder zeitlichen Grenzen gibt) ist sehr homogen, der Bedarf ist im großen Trend überall gleichgerichtet.

Der „Markt der Bride-to-be", d. h. der Markt der jungen Frauen, die im Begriffe stehen zu heiraten, zeichnet sich – auch abgesehen von Unterschieden der Landschaft oder der Nationalität – durch eine ganz ausgesprochene Homogenität aus, die – obwohl auf verschiedenartige Erzeugnisse zielend – in der ganzen Welt auf das erste gemeinsame Heim gerichtet ist, das der Hort eines jungen Glückes werden soll. Hier sind die Ur-Wünsche der Menschen die Grundlage für eine Gleichrichtung des Bedarfs, – eine Gleichrichtung, die alle räumlichen oder zeitlichen Grenzen sprengt, die aber nicht weniger homogen ist, weil sie in Bedürfnissen verankert ist, die allen Menschen gemeinsam sind.

Der Hersteller, der die immer mehr zur Singularität drängenden Produkte abzusetzen hat, kann seinen speziellen Absatzmarkt nur nach einem Merkmal und nach einer einzigen Eigenschaft beurteilen; für ihn ist nur die Homogenität der sich in diesem Markte geltendmachenden „Begehrungen" maßgebend. *Die Kriterien des modernen Absatzmarktes liegen in der Homogenität des Bedarfs und in der Gleichrichtung der dem Bedarf zugrunde liegenden Begehrungen und Bedürfnisse.*

Von ihr wird die absatzwirtschaftliche Dynamik unserer Zeit bestimmt und beherrscht.

Es ist gezeigt worden, daß „lernbare Antriebe", ja daß „lehrbare Motivationen" eine starke und bewegende Kraft sein können. Vieles wird dazu durch die eigene Anschauung erlernt und angenommen. *Rohracher* (a. a. O. S. 393) bezeichnet die *Neugier* als einen Funktionsdrang (Trieb), „alles Neue zu untersuchen". Zu diesem „Drang zur Betätigung der geistigen Funktionen, des Wahrnehmens, Erkennens, Begriffe-Bildens (ist) zu zeigen, daß von solchen ‚geistigen Trieben' die Entwicklung der Kultur abhängt."

Welche Kräfte hierdurch ausgelöst werden, haben Friedrich *List* und Waldemar *Mitscherlich* schon vor Jahrzehnten deutlich gemacht.

„In manchen Ländern herrschen unter denen, die von Besoldung oder von Renten leben, sehr irrige Begriffe von dem, was sie den Luxus der niedern Stände zu nennen pflegen: Man entsetzt sich darüber, daß die Arbeiter Kaffee mit Zucker trinken, und lobt sich die Zeit, wo sie sich mit Haberbrei begnügten; man bedauert, daß der Bauer seine ärmliche Uniform, die Zwillichbekleidung, gegen Wolltuch vertauscht; man fürchtet, die Dienstmagd werde von der Frau des Hauses bald nicht mehr zu unterscheiden sein; man rühmt die Kleiderordnungen voriger Jahrhunderte. Vergleicht man aber die Leistungen des Arbeiters in den Ländern, wo er wie der wohlhabende Mann gespeist und gekleidet ist, mit den Leistungen desselben, wo er mit der gröbsten Kost und Kleidung sich begnügt, so findet man, daß dort die Genußvermehrung nicht auf Kosten des allgemeinen Wohlstandes, sondern zum Vorteil der produktiven Kräfte der Gesellschaft vor sich gegangen ist. Das Tagwerk der Arbeiter ist dort doppelt und dreimal so groß als bisher, Kleiderordnungen und Aufwandsbeschränkungen haben die Nacheiferung in der großen Masse der Gesellschaft getötet und sind nur der Trägheit und dem Schlendrian zugute gekommen. Unter die wichtigsten Reizmittel gehören diejenigen, welche die bürgerliche und politische Ordnung bietet ... sich durch Leistungen und durch Wohlhabenheit aus einer Volksklasse in die andere, aus der niedrigsten bis zur höchsten emporzuschwingen." (Friedrich *List*, Die Theorie des Nationalen Systems der Politischen Oekonomie, Stuttgart 1877).

„Unter Demokratisierung der Bedürfnisse verstehe ich diejenige soziale Erscheinung, bei welcher wirtschaftliche Güter, die ursprünglich nur der Bedürfnisbefriedigung der sozial höher stehenden Gesellschaftsschichten dienten, allmählich in immer breiteren Kreisen der Bevölkerung Aufnahme fanden. Der Beweggrund für diesen Vorgang liegt wohl darin, daß die niederen sozialen Schichten stets versuchen, es den höheren gleich zu tun." (Waldemar *Mitscherlich*, Der wirtschaftliche Fortschritt, Sein Verlauf und Wesen, Leipzig 1922, 2. Aufl.).

Der letzte Satz in meinem Buch „Kundenwerbung amerikanischer Banken –Financial Advertising–" (Berlin 1929) lautet: „Der Luxus von gestern ist die Notwendigkeit von morgen." Das ist ein Satz, der in den seither vergangenen vier Jahrzehnten seine volle Bestätigung gefunden hat.

V. Lebensäußerungen als Formen der Werbung

Einer der fruchtbarsten Autoren auf dem Fachgebiet der Reklame oder der Werbung ist Hans *Weidenmüller*. Aus der Fülle seiner Arbeiten sei an dieser Stelle nur das 1912 erschienene Buch „Beiträge zur Werbelehre" erwähnt. In dem Abschnitt „Der Ausgangspunkt der Werbelehre" sagt Hans *Weidenmüller:* „Die meisten Schriften über Reclame nehmen zum Ausgangspunkt den Begriff Werbemittel und gliedern sich dann durch lose Aufzählungen der verschiedenen Reclamesachen und Gelegenheiten. Dieses Verfahren kennzeichnet recht deutlich, daß sich die Werbelehre noch im Zustand der vorwissenschaftlichen, regellosen Stoffsammlung befindet; solange der Werbeschriftleiter und Werbelehrer nicht über dies einzelne Werbemittel hinweg nach einem Standpunkt sucht, der eine begriffliche Überschau erlaubt, ist noch kein Anfang zu einer wissenschaftlichen Werbelehre gemacht; denn eine bloße Sachbeschreibung mit eingestreuten allgemeinen Regeln und Meinungen bleibt unwissenschaftlich, auch wenn der Schreiber oder Redner die beste Sachkenntnis und einen geübten Verstand hat. Erst mit der planmäßigen begrifflichen Bearbeitung beginnt die Werbewissenschaft . . . *Die wissenschaftliche Werbelehre muß zum Ausgangspunkt aber einen Begriff wählen, der wirklich einen Blick über das ganze Werbegebiet ermöglicht, und der das Auge von vornherein nicht auf die zufälligen und verschiedenen Einzelheiten der Werbemittel einstellt, sondern auf die festen, gleichbleibenden Grundzüge, die der wissenschaftlichen Erforschung standhalten. . ."*

Diese in der Schrift „Beiträge zur Werbelehre" von Hans Weidenmüller niedergelegte Erkenntnis ist von grundlegender Bedeutung.

Der Begriff, der uns diesen umfassenden Blick über das ganze Gebiet der Werbung ermöglicht, ist der Begriff der Äußerung. Mit Bezug auf die Werbung habe ich in meinem Buch „Wesen und Formen der Werbung" (Essen 1954, S. 98) geschrieben: „Die wirtschaftliche Werbung einer Unternehmung ist, obwohl sie sich in erster Linie auf die Waren und Leistungen richtet, eine Lebensäußerung der Unternehmung. Die Lebensäußerungen jeder Unternehmung strahlen auf vielfache Weise nach außen." (WW, 104 ff.)

Das „Wörterbuch der deutschen Sprache" von Daniel Sanders (Bd. 1, 1860, S. 62) versteht unter äußern „etwas nach außen hervortreten lassen, so daß es sich zeigt; es kundgeben, namentlich in Worten aussprechen; oder sich zeigen, kundgeben, sich aussprechen". Und unter Äußerung versteht das gleiche Wörterbuch „Das Äußern oder Sich-Äußern"; hier wird das Wort von R. Gutzkow „Lebens-Äußerung" zitiert. Das von Alfred Götze 1939 herausgegebene „Trübners Deutsches Wörterbuch" versteht unter „äußern": etwas nach außen geben, hervorkommen, sich zeigen, und auf dem Zeigen beruht die heutige Bedeutung des „Aussprechens".

Wenn wir nun die Werbung als auf wirtschaftliche Vorgänge und Tatbestände bezogen auffassen, dann läßt sich z. B. von einer wirtschaftlichen Unternehmung sagen, daß alle Äußerungen, die die Aufmerksamkeit für ihre Leistungen gewinnen sollen, Formen der Werbung sind.

Ladendorf spricht von „allerlei Versuchen". „Die Grenzboten" erwähnen „jedes Bestreben". Wehle spricht von „jederlei Meinungsäußerung". Carl Menger erwähnt: „alles, was den Bedarf einer Ware erweitert". Mataja spricht von „jeglicher Bekanntmachung", und von der Borght bezeichnet diese Bemühungen mit „alle diese Veranstaltungen".

Wenn wir nun von den frühen Autoren zur Gegenwart kommen, dann ist es bemerkenswert, festzustellen, daß Seyffert sagt, „alles, was geschieht", und daß Gutenberg von „allen Absatzäußerungen" spricht.

Welchem Zwecke dient nun diese Tätigkeit des „Sich-Äußerns"; des „Nach-Außen-Hervortreten-Lassens"; des „Kundgebens"; des „Etwas-Nach-Außen-Gebens"; des „Sich-Aussprechens"; des „Sich-Drehens"? Hierüber haben uns die vielen zitierten Autoren Auskunft gegeben: Karl Knies: „Öffentliche Nachricht für jedermann zu geben"; Mataja: „Die Aufmerksamkeit gewinnen"; Seyffert und Ladendorf: „Die Aufmerksamkeit auf sich lenken"; Menger: „Bekanntmachung von der Nützlichkeit eines Artikels"; Sombart: „einen Menschen, einen Vorgang, eine Leistung, eine Ware der breiten Öffentlichkeit bekanntzumachen". Die Bekanntmachung, um die Aufmerksamkeit oder das öffentliche Interesse zu gewinnen, ist nur im Sinne von Aufklärung (Schmoller) gemeint, und daß dabei das Prinzip der Wahrheit (Ludovici) beachtet werden muß, braucht nicht besonders erwähnt zu werden, auch dann nicht, wenn diese Bekanntmachungen in der Absicht erfolgen, durch diese Äußerungen den Kunden aufzusuchen und anzugreifen (Sombart).

Welcher *Art* können nun diese „Äußerungen" sein, besonders dann, wenn sie in der Absicht „zu gewinnen" oder „zu werben" gemacht werden? Welcher Formen oder Mittel bedienen sich die Initiatoren?

Im einfachen „sich drehen", um die Aufmerksamkeit zu gewinnen, in dem Blick, der Gebärde, der Miene, der Geste und in dem Zeichen spielen eigentliche „Mittel" oder „Träger" (vehicles) überhaupt keine Rolle. Aber bestimmte *Formen* des Gebarens, des Gehabens oder des Verhaltens sind auch ohne jede andere Hilfe, ganz aus sich heraus, möglich.

Jetzt erst wird deutlich, daß die bloße „Stoffsammlung", oder die bloße „Sachbeschreibung", über die Hans *Weidenmüller* bereits vor einem halben Jahrhundert geklagt hat, weder zu einer Systematik noch zu einer Theorie der Werbung einen Beitrag zu leisten vermag.

Mit dem Begriff der „Äußerung" ist nun der „ausblickreiche, hochgelegene Ausgangspunkt" ... „der einen Blick über das ganze Werbegebiet ermöglicht" (Weidenmüller) gefunden worden. *Auch Blicke und Gebärden, Mienen und Gesten, Gebaren und Gehaben sind Äußerungen im klarsten und überzeugendsten Sinne; sie aber können durchaus Formen der Werbung oder des „werbens" sein.*

Der Rector Magnificus der Hochschule für Welthandel in Wien, Professor Dr. Karl *Skowronnek,* hat am 2. Dezember 1966 in seiner Inaugurationsrede (Betriebswirtschaft und Marktpolitik, 1968, S. 469 ff) über „Werbung als Gegenstand der Forschung" folgendes gesagt:

„Daher können auch bestimmte Werbemittel und Werbetechniken niemals ein Kriterium für Wesen, Begriff und Wirklichkeit der Werbung darstellen. Werbung kann nicht technisch definiert werden. Vielmehr erscheint jede Aktivität, unabhängig von ihrer technischen Wirkungsweise, im Hinblick auf bestimmte Ziele als werblich qualifiziert oder unwerblich disqualifiziert. In diesem Sinne stellt die Vielfalt werblicher Erscheinungsformen immer wieder den Ausdruck des einen Wesentlichen, des werblichen Prinzips dar.

Als weiteres Moment des Werblichen bezeichnen wir – im Anschluß an Carl Hundhausen – die Werbung als „Äußerung". Werbung ist wesentlich Äußerung eines Inneren, Ausdruck werbender Gesinnung und Haltung. Nur solch werbender Ausdruck kann letzten Endes den bestwirksamen Eindruck im Sinne der Vertrauensbildung beim Umworbenen erzielen.

Mit der Kategorie der Äußerung eines Inneren ist gesagt, daß Werbung nicht bloß Mitteilung und Bekanntmachung im technischen Sinne, sondern zugleich auch ein geistig-seelischer Prozeß, also wesentlich menschliches Handeln ist. Diese kategoriale Bestimmung erscheint als entscheidend wichtig gegen die Front derer, die Werbung als bloße Technik verstanden wissen möchten."

Mit der Einführung der Kategorie „Äußerung" in den Erkenntnisbereich der Werbung ist die Abkehr von der Allegorie der Werbemittel vollzogen worden.

Aus den bisherigen Erörterungen ist zu erkennen, daß es jemand geben muß, der eine Äußerung tut, der ein Zeichen gibt, eine Miene macht oder einen Blick wirft oder der sich eines der uralten Mittel zu diesem Zwecke bedient, indem er ein Firmenschild aufhängt, seine Leistungen zur Schau stellt oder sich sogar noch der Methoden bedient, die Werner Sombart „Ärmelausreißgeschäfte" genannt hat. Der *Initiator einer Äußerung* kann eine einzelne Person, eine Personengemeinschaft oder -gruppe oder auch eine juristische Person sein. Diejenigen Initiatoren, die solche Äußerungen planmäßig machen, um zu werben oder um Werbung zu treiben, werden auch Werbungtreibende genannt.

Wenn man jetzt versucht, über das Wesen der Werbung eine *allgemeingültige* Aussage zu machen, dann läßt sich sagen:

Werbung sind alle Äußerungen, die sich an diejenigen richten, deren Aufmerksamkeit zu gewinnen versucht wird.

Hiernach können also auch Blicke, Gesten, Gebärden oder Gehaben Formen der Werbung sein; ja, sie sind Urformen der Werbung.

Aus der Betonung der Tatsache, daß versucht wird, die Aufmerksamkeit zu gewinnen, geht hervor, daß der Umworbene die volle Freiheit der Entscheidung hat und daß er keiner Beeinflussung unterliegt.

Die Betonung, daß die Aufmerksamkeit *gewonnen* werden soll, schließt ein, daß es sich dabei um die Unterrichtung, die Aufklärung oder um die sachliche Beweisführung handelt; die informative Gestaltung der einzusetzenden Mittel ist nur eine Phase der anzuwendenden Methode.

Wenn man die bisherigen Ausführungen auf eine wirtschaftliche Unternehmung zuordnet, dann läßt sich folgendes sagen:

Die Werbung einer wirtschaftlichen Unternehmung umfaßt alle ihre Äußerungen, die sie an diejenigen richtet, deren Aufmerksamkeit sie für ihre Leistungen auf die Dauer gewinnen will.

Der Begriff der Äußerung ist der umfassendste Begriff, auf den sich die Betrachtung der werblichen Bemühungen einer wirtschaftlichen Unternehmung zurückführen läßt. Es muß jetzt betont werden, daß *es sich um alle Äußerungen handelt und daß alle Äußerungen gemeint sind, die von der Unternehmung ausgehen und die die Unternehmung selbst an diejenigen richtet, um deren Aufmerksamkeit es geht* und die auf die Dauer für die eigenen Leistungen gewonnen werden sollen. *Es handelt sich also nur um die eigenen, selbst gesteuerten oder selbst gestreuten Äußerungen der verschiedensten Art, die bewußt in eine bestimmte Richtung gelenkt werden und deren Inhalt die eigene Leistung ist.*

Aus der Betonung der Tatsache, daß es darum geht, die Aufmerksamkeit auf die Dauer zu gewinnen, geht hervor, daß *der Inhalt der Äußerung den Grundsätzen der Wahrheit entsprechen muß, denn sonst würde die Aufmerksamkeit niemals auf die Dauer zu fesseln sein.*

Da die industrielle Unternehmung wirtschaftliche Leistungen oder Erzeugnisse hervorzubringen hat, kann es sich bei ihrer Werbung nur darum handeln, die Aufmerksamkeit, die gewonnen werden soll, auf diese Leistungen zu lenken.

In den weiten Horizonten des Lebens richtet der eine Mensch Äußetungen an den anderen, um dessen Aufmerksamkeit auf sich zu lenkan. Es kann sich auch um die Werbung eines Mannes um eine Frau, eines Tieres um ein anderes Tier, eines Freundes um den Freund handeln, wobei wir mit den verschiedenartigsten Äußerungen den Versuch machen, zeitweilig oder für immer die Aufmerksamkeit des anderen dadurch zu gewinnen, daß wir das Beste zeigen, was wir überhaupt zeigen können.

Erst dann, wenn wir uns von den einengenden Allegorien der Werbemittel lösen, erst dann, wenn wir uns von der Vorstellung lösen, daß die Werbung Beeinflussung vom Charakter und der Bedingungslosigkeit einer Nötigung sei – erst dann, wenn wir anerkennen, daß echte Werbung dem anderen die absolut freie Entscheidung überläßt – erst dann erkennen wir das wahre Wesen der Werbung.

VI. Werbung als sozialer Prozeß und als Prozeß der Kommunikation

Leopold *von Wiese* (System der Allgemeinen Soziologie, München 1933, S. 109 ff.) kennzeichnet den sozialen Prozeß wie folgt: „Das Zwischenmenschliche ist nichts anderes als eine Fülle von wechselnden Verbindungen der Menschen untereinander. Die Vorgänge, die sich in dieser Sphäre abspielen und die ich soziale Prozesse nenne, sind Vorgänge, durch die Menschen enger mit einander verbunden oder mehr von einander gelöst werden. Dieser Begriff des sozialen Prozesses ist die Hauptkategorie des Systems."

In diesem Bereich „zwischen den Menschen" ist die Werbung eine Art von Ferment, eine Gär-Hefe, ein Element der Bewegung. „Du sollst nicht begehren . . .", – diese erste Warnung an den Menschen ist ein Reflexlicht, in dem wir Versuche des Gewinnens erkennen. Dabei bleibt es gewiß nicht nur bei dem Versuch, die Aufmerksamkeit oder das Interesse zu erregen und zu fesseln; es geht um viel stärkere Begehrungen. Diese Begehrungen aber werden nicht selten dadurch unterstrichen, daß der Initiator solcher Begehrungen auch bereit ist, einen Preis des Erwerbs zu bezahlen.

Über die rein menschlichen Beziehungen hinaus aber begegnen uns im Bereich der Wirtschaft Formen des Werbens in einer solchen Fülle, daß es unmöglich zu sein scheint, sie auch nur aufzuzählen. Diese sozialen Prozesse, wenn sie auch aus wirtschaftlichen (oder anderen) Motiven initiiert werden, leben aber davon, daß sie echte Prozesse der Kommunikation sind, in denen das Echo, das „play back", die Resonanz oder die Rückkopplung eine entscheidende Bedeutung haben.

In der Zeitschrift „Wirtschaft und Werbung" (Heft 2, Februar 1960) habe ich einen Beitrag über „Communication" veröffentlicht, in dem ich darauf hinwies, daß sich damals schon in der amerikanischen Fachsprache ein neuer Begriff durchzusetzen begonnen hatte (WW, 106).

Das verbale „to communicate" bedeutet: Kenntnisse, Urteile oder Tatsachen mitteilen. Die Verbreitung von Wissen in diesem Sinne heißt auch „eine Eigenschaft verleihen"; heißt: Urteile oder Wertvorstellungen allen so „gemeinsam machen", daß sie zu eigenen Überzeugungen werden. „Eigenschaften verleihen" bedeutet aber noch mehr als nur durch Unterrichtung überzeugen; „Communication" bedeutet eigentlich durch die Mitteilung von Kenntnissen, Urteilen oder Tatsachen die Überzeugungen von Menschen vom Grunde her ändern. Der englische Text des Bibelwortes, daß böses Geschwätz gute Sitten verdirbt, lautet: „Evil communications corrupt good manners", womit betont wird, daß es sich bei „communication" allerdings oft auch nur um Geschwätz handeln kann.

Dieser umfassende Begriff für die großen Gebiete der öffentlichen Unterrichtung hat in der amerikanischen Fachliteratur eine sehr vielschichtige Bedeutung. William Albig hat in seinem grundlegenden Werk „Modern Public Opinion" diesem Begriff zwei volle Abschnitte gewidmet; er nennt als Mittel die Geste*, die Sprache und den Druck. Diese Hauptbegriffe werden von ihm durch Übermittlungsträger, wie Telegraph, Telephon, Rundfunk oder Fernsehen, ergänzt. Albig hat die Graphik offenbar in den Druck einbezogen, obwohl ihr eine eigenständige Aufgabe in der „visuellen Kommunikation" zukommt.

Bei dem Begriff „Kommunikation" geht es, wenn wir Tatsachen übermitteln und Urteile in einem Prozeß der Verschmelzung darbieten wollen, um den Gehalt der Mitteilung oder um den Kern des Urteils. Über den Wesens- und Wahrheitsgehalt der Werbung, wenn sie wirkliche unterrichtende Kommunikation sein will, kann nach dem heutigen Stande unserer Erkenntnis (und unserer unabdingbaren Forderungen!) kein Zweifel mehr bestehen.

Wir müssen uns auch bei dem Begriff „Kommunikation" lösen von der verhängnisvollen Vorstellung, als genüge nur „Geschwätz" als Inhalt einer Kommunikation.

Webster's Dictionary of Synonyms (New York, 1951) versteht unter „communicate . . . to convey or transfer something . . . such as information . . . to make common . . . the knowledge or quality conveyed". Stuart Chase sagt, man beginne zu erkennen, daß Kommunikation die „Fähigkeit des Individuums ist, seine Gefühle und Ideen einem anderen mitzuteilen, sowie die Fähigkeit von Gruppen, enge und vertrauliche Verbindungen miteinander zu haben".

* W. Albig zitiert in der zweiten Auflage seines Buches (1956, S. 33) das gleiche Zitat aus C. H. Cooley „Social Organization" (New York 1909), das sich bereits in der ersten Auflage von „Public Opinion" (1939, S. 26) findet und das lautet: (Der Begriff ‚Communication') „it includes the expression of the face, attitude and gesture, the tones of the voice, words . . .". Obwohl ich Albig bereits 1960 wörtlich zitiert habe, ist mir bei der jetzigen Arbeit erst bewußt geworden, daß hier bereits „Gesten, Gebärden, Mienenspiel" als Urformen des werbenden Ausdrucks angesehen worden sind. Es ist weiter hinzuweisen auf Weston la Barre, Die kulturelle Grundlage von Emotionen und Gesten (in Band 9 der Neuen wissenschaftlichen Bibliothek, Köln/Berlin 1966, S. 264 ff.).

Diese Begriffsbestimmungen decken sich mit Formulierungen, die Karl Jaspers im 1. Band seiner Philosophischen Logik „Von der Wahrheit" (München 1947, S. 370 ff.) gefunden hat. Der Begriff „Kommunikation" ist einer der wichtigsten Begriffe in diesem Werk überhaupt.

„Die Bewegung des Denkens hat die Gestalt des Miteinanderaustauschens. . . Die Bewegung des Erkennens hat stets die Form des Sichmitteilens. . . Erst durch die Kommunikation von Ich zu Ich erfolgt die Bindung an die Konkretheit einer erfüllenden Welt . . . Kommunikationsmittel zu sein, ist das allumfassende Wesen des Seins, das als Gewußtes für uns ist . . ." Jaspers unterscheidet dann „die Kommunikation des Daseins, . . . die Kommunikation des Bewußtseins, . . . die Kommunikation des Geistes, . . . die Kommunikation der Existenz, . . . (und) . . . die Kommunikation der Vernunft", um dann zu sagen: „Alles, was wir sind, sind wir in Kommunikation."

Hier sei an ein Wort von Bernard Shaw erinnert: „I wonder do we ever succeed really in communicating our thoughts to one another"? (Ich frage mich, ob es uns jemals gelingt, unsere Gedanken einander wirklich mitzuteilen?)

Die ständige Überprüfung unserer Bemühungen (gleichgültig welcher Art und zu welchem Zweck und Ziel), ob sie ihr Ziel erreicht haben, – die laufende Aufnahme des Echos und die kritische Prüfung unserer Resonanzanalysen sind in diesen Prozessen der Kommunikation von entscheidender Wichtigkeit. Eric F. *Goldman* hat mit seinem Buchtitel „Two-way Street" (Boston 1948) auch für den Prozeß der „communication" die richtige Kennzeichnung gefunden.

VII. Die Wirkungskräfte der Werbung und ihre Wirkungsfelder

Wenn die Werbung so alt ist wie die Menschheit, dann bedarf es keiner Beweise mehr dafür, daß keine Phase des menschlichen Zusammenlebens und keine Ebene des menschlichen Daseins von den tausend und aber tausend Variationsmöglichkeiten ihres Wirkens oder Sichtbarwerdens verschont blieb.

Der Bericht über den König Herodes, daß er, wegen eines ihm wohlgefälligen Tanzes der Tochter der Herodias, das Haupt des Johannes unter Eid versprach, genügt allein, um auf die Bedeutung von Bewegungen (auch des Tanzes!) oder von Gebärden und Gesten hinzuweisen.

Diese Formen des Werbens finden wir in den persönlichen Bereichen der Menschen, und zwar in einer Variationsbreite und -tiefe, wie das Farbenspiel der Natur in den Jahreszeiten.

Diese Urformen des Werbens werden instinktmäßig geweckt, lebendig gehalten und in ihrer Kraft gesteigert von jenen „mythischen Wesen, die großartig in ihrer Unbestimmtheit" *(Freud)* zu den „psychischen Kräften" *(Rohracher)* zählen, die wir Triebe nennen.

Als Formen des Werbens müssen sie aber von einem Initiator (dem sie ins Leben mitgegeben wurden) – *Rohracher* – wach gehalten und genährt werden. Allen diesen Strebungen aber ist eines eigen: Sie zielen auf einen anderen Menschen, auf ein Nahrungsmittel oder ein Bekleidungsstück, auf einen Besitz aus Gold oder anderer Art, auf einen Einflußanspruch oder auf eine geistige Hörigkeit als Unterwerfung unter einen Willen.

Sobald wir nicht von Einflüssen der Gewalt zu sprechen haben, um solche Begehrungen zu stillen, solche Wünsche zu erfüllen oder solche Ziele zu erreichen, müssen wir von Formen der Werbung sprechen, denn sie lassen (selbst noch in jener Abart der Agitation!) die *Freiheit der persönlichen Entscheidung,* ob sich der Umworbene (die Zielperson) diesem werbenden Bemühen ergibt oder nicht.

Wir haben jetzt drei Elemente des Begriffes der Werbung und des Prozesses des Werbens erkennen können: 1. Es ist ein *Initiator* erforderlich, 2. die Bemühungen des Initiators richten sich auf *ein Ziel* (eine Zielperson oder ein Objekt) und 3. *der Zielperson ist die Entscheidung* freigestellt, ob sie sich dem Bemühen des Initiators hingibt oder nicht.

Die Bemühungen des Initiators um die Zielperson haben eine Variationsbreite ungeahnten Ausmaßes, angefangen von dem Blick der Verführung, dem stummen Angebot eines Geschenkes oder jener Frage: „. . . darf ich's wagen. . .", womit oft nur die Aufmerksamkeit auf den Initiator gelenkt werden soll. Das alles kann „jene Art von Gebärdensprache (sein), die ohne Wörter verstanden" werden muß, und die in der ganzen Welt auch so verstanden wird.

Für diese Urform des Werbens genügt es aber nicht, nur die Aufmerksamkeit zu wecken oder zu gewinnen; der Initiator muß danach bestrebt sein, diese einmal gewonnene Aufmerksamkeit auch gefesselt zu halten. Dafür steht ihm dann wieder eine unendlich breite Auswahl von Möglichkeiten zur Verfügung; dieser Rahmen bestimmt sich allein aus der schöpferischen Kraft und Phantasie des Initiators, aus seiner Besessenheit, irgendetwas zu erlangen oder aus seiner Verbissenheit, eine Ideologie oder Wahrheit zu verbreiten. Hier sind oft Kräfte am Werk, die sich – nicht selten völlig unerwartet – in sehr hohen Potenzen mit einer Mächtigkeit darstellen, wie das Produkt vieler Faktoren. Diese Faktoren sind auf das gleiche Ziel orientiert.

Diese Kräfte können durchaus den Charakter von *Schubkräften* haben: sie bewegen etwas voran, sie setzen andere Massen (oder Menschen!) in Bewegung, sie können weitere Bewegungen z. B. in einen noch nicht erschlossenen Markt oder in eine Marktlücke hinein auslösen.

Diese Kräfte können aber auch den Charakter von *Zugkräften* haben, wenn sie einen Sog zu erzeugen vermögen, indem sie Verlangen, Wünsche oder sogar Sehnsüchte – wecken können. Wir wissen es aus vielen Beispielen, daß der Pionier in einem Markt sofort, und oft zu seinem eigenen Untergang, Wettbewerber heranlockt. Hierauf hat Karl Knies schon vor 100 Jahren hingewiesen.

Diese Kräfte können aber auch die *Potenz eines Magnetfeldes* darstellen, das sich permanent erneuert und dadurch andere Kräfte (z. B. des Wettbewerbs) herausfordert und auf sich selbst wirksam macht.

Ausgehend vom Initiator sind die vom Zentrum ausgehenden Kräfte, die er entscheidend bestimmt, stärker als die nach dem Mittelpunkt gerichteten äußeren Kräfte, die er aufzufangen und in neue Kräfte umzusetzen hat. Alle diese Kräfte strahlen von dem Initiator der Werbung aus; sie wirken auch auf ihn ein. Er aber hat die schöpferische Aufgabe, sie zu integrieren und zu synchronisieren.

Diese Kräfte der Werbung müssen auf ein Ziel gerichtet und an dieses Ziel gebunden bleiben; diese Zielsetzung ist auch für eine allgemeine und das ganze Phänomen umfassende Definition wichtig; daher kann gesagt werden:

Werbung sind alle Äußerungen,
die sich an diejenigen richten,
deren Aufmerksamkeit zu gewinnen
versucht wird.

Hier gehen die Äußerungen von dem Initiator aus; er richtet diese Äußerungen auf diejenigen, deren Aufmerksamkeit es zu gewinnen gilt.

Nun aber vollzieht sich in unserer Gegenwart der Prozeß des Werbens nicht in einem Vakuum; wir haben drei große praktische Wirkungsbereiche des Werbens, in denen wir uns mit ganz konkreten Zielgebieten auseinanderzusetzen haben, und in denen wir uns bei den anzuwendenden Methoden und Mitteln nicht mehr auf die bloße Geste oder Gebärde beschränken, sondern in denen wir uns aller Möglichkeiten der Übermittlung bedienen.

Die großen Wirkungsbereiche der Werbung sind

Wirtschaftswerbung
Public Relations
Propaganda

Wenn auch über alle drei Wirkungsbereiche besondere Bändchen dieser Bibliothek erscheinen werden; sie sind in dieser Grundlegung doch wenigstens zu erwähnen. In diesen in sich geschlossenen Analysen dieser drei Wirkungsbereiche wird sich erweisen, daß sich trotz aller Unterschiede sehr viele Gemeinsamkeiten nachweisen lassen. Diese Möglichkeiten sind in dieser Grundlegung zunächst einmal offenzulegen; die Verbindungslinien sind später zu ziehen.

Der Wirkungsbereich, den wir *Wirtschaftswerbung* (commercial advertising) nennen, ist nach dem Aufwand zwar der größte; er ist aber nach den Problemen und Aufgaben nicht der schwierigste, und er ist in vieler Hinsicht (z. B. weil vieles statistisch erfaßbar und durchsichtiger ist) sogar leichter zu analysieren und zu erfassen.

Nach der Schätzung von *Klein-Blenkers* (Werbewissenschaftliches Referatenblatt Heft 3, April 1965) betrugen die Gesamtkosten der Wirtschaftswerbung in der BRD im Jahre 1956 rd. DM 5 Milliarden und im Jahre 1962 rd. DM 8,5 Milliarden; eine Fortrechnung für 1964 ergab einen Betrag von mehr als DM 10 Milliarden. In dem Werbewissenschaftlichen Referatenblatt Nr. 4 (Juli 1966) hat Klein-Blenkers seine Schätzungen für 1965 mit DM 12,2 Milliarden ausgewiesen. Im Jahresbericht des ZAW für 1966 (S. 25) wird mit Bezug auf diese Schätzung gesagt: „Setzt man auf diesen Wert eine Zuwachsrate von nur 10% an, so ergibt sich für das Jahr 1966 ein Gesamtwert von rd. DM 13,4 Milliarden." Es bleibe hier unerörtert, ob diese Zahlen vielleicht als zu hoch angenommen worden sind, weil sie auch verschiedene Schätzwerte enthalten. In den beiden anderen Wirkungsbereichen (auch in dem der politischen Propaganda) dürften nur Bruchteile dieser Summen erreicht worden sein. Schätzungen von einiger Relevanz gibt es hierfür nicht.

In den Wirkungsbereichen der Wirtschaftswerbung handelt es sich fast ausschließlich um Aufgaben, die sich auf ein Produkt oder auf eine Leistung beziehen. Produkte und Leistungen gleicher Art werden dazu noch von vielen Wettbewerbern dargeboten. Daher ist ein Vergleich mit jenen beiden anderen Bereichen, deren Ziele doch nicht in gleichem Maße greifbar, meßbar, wägbar, nachprüfbar oder konkret definierbar sind, kaum zu ziehen. Zu einem solchen Vergleich ließe sich aber sagen, daß die Probleme und Aufgaben, die der

Wirtschaftswerbung gestellt werden, doch die einfacheren Aufgaben sein dürften.

Für den Wirkungsbereich der Wirtschaftswerbung haben wir schon viele und zuverlässige Methoden entwickelt, die Intensität von Begehrungen zu definieren oder gar zu messen; Methoden und Verfahren, auch die Wirkungen unserer werblichen Bemühungen zu messen, und auch die Wirkungen von Mitteln zu prüfen, die wir für diese Zwecke entwickelt und gestaltet haben. Wir haben dazu auch Möglichkeiten, diejenigen Medien (Träger, vehicles), denen wir die Verbreitung (Streuung) unserer Nachrichten und Informationen, aber auch unsere Werbebotschaften und ‚slogans' (advertising messages) anvertrauen, zu prüfen, ja sogar zu kalkulieren. Der Zentralausschuß der Werbewirtschaft (ZAW) hat eine zuverlässige Auflagenkontrolle (IVW) begründet und zu einem brauchbaren Instrument weiterentwickelt. Diese Kontrollmaßnahmen erfahren durch andere, private Arbeiten, die in die gleiche Richtung zielen, zweckmäßige Ergänzungen.

Wirtschaftswerbung wird von wirtschaftlichen Unternehmungen betrieben, von Unternehmungen des Handels, der Produktion und der Dienstleistungen, sie sind bemüht, ihre Leistungen zu einem Gewinn den auf sie gerichteten Begehrungen zuzuführen. Diese wirtschaftlichen Unternehmungen versuchen nun, die Aufmerksamkeit der diese Leistungen begehrenden Menschen oder Organisationen in erster Linie *auf die Leistungen* zu richten; es geht darum, die Aufmerksamkeit für diese Leistungen zu gewinnen. Damit die wirtschaftliche Unternehmung aber ununterbrochen arbeiten, damit sie (möglichst in größeren Serien) ununterbrochen produzieren kann und damit bei einem Dienstleistungsbetrieb die Dienstleistungen ununterbrochen in Anspruch genommen werden, *müssen Aufmerksamkeit und Interesse auf eine nicht befristete Zeitdauer gewonnen werden.* Erst dann sind die betriebswirtschaftlichen Vorteile einer Kostendegression gesichert.

Unter Anlehnung an die Definition des allgemeinen Grundbegriffes der Werbung läßt sich die Wirtschaftswerbung wie folgt begriffsmäßig festlegen:

> *Die Werbung einer wirtschaftlichen Unternehmung umfaßt alle ihre Äußerungen, die sie an diejenigen richtet, deren Aufmerksamkeit sie für ihre Leistungen auf die Dauer gewinnen will.*

Es sei hier ausdrücklich betont, daß es auch im Wirkungsbereich der Wirtschaftswerbung Formen des Werbens gibt, die zu den Urformen der Werbung gehören.

Die Wirkungsbereiche der Werbung gliedern sich in mehrere *Teilbereiche,* die je nach der Art der Zielsetzungen (Aufgaben, Funktionen, goals, targets, tasks) zu kennzeichnen sind.

Der *Wirkungsbereich der Wirtschaftswerbung* gliedert sich in drei wichtige Teilbereiche: (WW, 29–36 und 153 ff.)

1. den Teilbereich des Angebots von Waren und Leistungen,
2. den Teilbereich der Aufgaben, die über den ersten Teilbereich hinausgehen und sich auf die Unternehmung als ganzes beziehen,
3. den Teilbereich von Aufgaben allgemeiner Art, soweit sie nicht von den Teilbereichen 1 und 2 schon erfaßt sind.

Der Teilbereich der Wirtschaftswerbung, der sich auf das *Angebot von Waren und Leistungen* bezieht, ist der umfassendste Bereich überhaupt. Die Reichweite, die hier umschrieben wird, läßt sich mit einigen Kategorien andeuten:

Waren, die für den unmittelbaren Verbrauch bestimmt sind und die wir *Verbrauchsgüter* nennen.

Waren, deren Verbrauch sich über einen längeren Zeitraum erstreckt, die also eine längere Lebensdauer haben, und die wir *Gebrauchsgüter* nennen.

Waren, die dazu dienen, in den Produktionsprozessen Verwendung zu finden und die wir *Produktionsgüter* nennen.

Waren, die dazu dienen, Produktionsprozesse überhaupt erst zu ermöglichen; sie ergeben dann wieder eine andere Ordnungsreihe:

Rohstoffe – Hilfsstoffe

sie können ihrerseits wieder im völligen Roh- oder im Halbfertigzustand bereitstehen.

Auf allen diesen Stufen haben wir eine Fülle von Schattierungen, wenn wir die Enderzeugnisse im Auge behalten und den Augenblick, in dem sie ihren Charakter als Ware – die gegen Entgelt abgesetzt werden soll – annehmen.

In Unternehmungen, die wir als Dienstleistungsbetriebe bezeichnen, haben wir dieses Stufenbild der Leistung nicht. Im Dienstleistungsbetrieb einer Bank z. B. kann es sich um grundverschiedene Leistungen handeln, aber diese Dienstleistung wird immer in einem Prozeß bis zum Ende erbracht. Der Auftrag zum Ankauf von Wertpapieren wird ausgeführt; eine Sichttratte a/Barcelona wird zum Einzug gebracht; ein Akkreditiv wird eröffnet und aus ihm werden Zahlungen geleistet; eine telegrafische Überweisung wird – über eine Reihe von Möglichkeiten, die die verschiedenen Korrespondenten der Bank anbieten – erledigt. Wenn man sich diese Vielseitigkeit der Unternehmung Bank einmal klar macht, dann liegt der Vergleich zu einem Konzern der Schwerindustrie nahe, bei dem alles zu haben ist, „von schwarzen Schrauben bis zu Chemieanlagen".

Die *Unternehmung als Ganzes* bildet nicht selten auch einen großen und wichtigen Teilbereich in dem Wirkungsbereich der Wirtschaftswerbung. Wir sprechen von einer Unternehmung, wie von einer Person: Krupp, Farben Bayer, Mercedes, Dresdner Bank, Gerling, Nordstern. Bei Versicherungsgesellschaften, um auf die letzten beiden „Namen" Bezug zu nehmen, haben wir das gleiche „Dienstleistungs-Warenhaus", wie wir es bei den Banken kennen lernten.

Die Unternehmung als „Person" tritt auf als Steuerzahler, als Verbraucher von Wasser, als Anrainer an Erholungsgebiete, als Belastung der öffentlichen Hand in Krisenzeiten, als Arbeitgeber für Fachleute, als Devisenbringer in einer Volkswirtschaft usw. Diese „Person Unternehmung" muß oft als Ganzes dargestellt und interpretiert werden. Sie muß aber so interpretiert werden, daß sie sich von ihren Wettbewerbern abhebt und daß sie ein eigenes Profil gewinnt.

Durch Maßnahmen der Wirtschaftswerbung sind aber auch *Aufgaben allgemeiner Art* wahrzunehmen: Die Unternehmung domiziliert in einer Gemeinde oder Provinz schon seit einem Jahrhundert; sie hat an der Erschließung dieses Gebietes großen Anteil. Besucher aus Entwicklungsländern sind nicht selten erstaunt zu hören, daß der Prozeß der industriellen Entwicklung des Gebietes an der Ruhr fast zwei Jahrhunderte gedauert hat und daß gerade hieran die dort ansässigen großen Unternehmungen entscheidenden Anteil gehabt haben. Zur Zeit, als der Bergbau an der Ruhr zum Tiefbau überging, hat niemand von außen her eine Entwicklungshilfe angeboten, geschweige denn geleistet. Hier hatten die wirtschaftlichen Unternehmungen (auch soweit sie sich als städtische Unternehmungen herausbildeten) Aufgaben allgemeiner Art zu übernehmen.

Sowohl die Aufgaben der Werbung für eine Unternehmung als Ganzes oder für unternehmerische Aufgaben allgemeiner Art zeigen schon starke Berührungen mit jenen Formen der Werbung, die wir *„Institutional Advertising"* oder „Institutionelle Werbung" oder auch „Allgemeine Firmenwerbung" nennen.

Damit werden wir zu einem zweiten großen Wirkungsbereich der Werbung geführt, den wir mit *Public Relations* bezeichnen. In der Festschrift für Rudolf *Seyffert* (Köln 1968, S. 219 ff.) sind von mir „Einige Unterschiede zwischen Wirtschaftswerbung und Public Relations" herausgearbeitet worden.

Zunächst ist dieser Wirkungsbereich der Werbung, Public Relations genannt, seiner Substanz nach kurz zu charakterisieren – ihm ist ja der Göschen-Band 1233 gewidmet – und dann sind einige Unterschiede deutlich zu machen:

Über die pluralistische und komplexe Gesellschaft, in der wir leben, die auch oft Massen- oder Industriegesellschaft genannt wird, hat

René König gesagt, daß sie ‚aus außerordentlich ungleichförmigen Elementen, die einander noch dazu in einer höchst unübersichtlichen Weise durchkreuzen und durchdringen' besteht (Soziologische Orientierungen, 1965, S. 62 ff.). Sie hat ‚insofern einen pluralistischen Charakter, als sie aus Teilelementen zusammengesetzt ist, die schon als Elemente verschieden sind'. Bei seinem Vergleich der kulturellen mit den politischen Dimensionen in der pluralistischen Gesellschaft, deren Vielgestaltigkeit eines ihrer Strukturelemente ist, sagt René König dann: ‚auch hier entstehen andauernd Spannungen und Konflikte zwischen den Gesamtinteressen der Gesellschaft und den Teilinteressen ihrer Untergruppen.'

Aus diesen Spannungen zwischen Gesamtinteressen und Teilinteressen ist das Phänomen ‚Public Relations' zu erklären und zu begreifen.

Public Relations haben 1. die primäre Aufgabe eines ‚adjustment', d. h. einer Angleichung oder Anpassung dieser unterschiedlichen Interessen; Public Relations haben die Aufgabe eines ‚engineering of consent', d. h. einer Herbeiführung von Übereinstimmung, Herbeiführung einer Identität von Interessen (Howard W. Chase).

Dieser Begriff umfaßt weiter: 2. Informationen der Öffentlichkeit, 3. das Bemühen, die Öffentlichkeit davon zu überzeugen (to persuade), daß Verhaltensweisen und Handlungen von Einzelpersonen, Gruppen oder Gesellschaften geändert werden müssen und 4., daß Anstrengungen zu unternehmen sind, Verhaltensweisen und Handlungen dieser Personen oder Gruppen mit der Öffentlichkeit und solche der Öffentlichkeit mit ihnen zu integrieren. Edward L. Bernays betont nachdrücklich 5., daß (berechtigte) öffentliche Interessen den Vorrang der privaten Interessen haben. Public Relations sind also 6. ein sozialer Prozeß gegenseitiger Kommunikation, in dem das „play-back"- oder „feed-back"-Prinzip, besonders wichtig ist.

Wo sind nun die Grenzen und wo berühren sich Wirtschaftswerbung und Public Relations? Alle Formen der Werbung, die sich auf das

Angebot von Waren oder Leistungen richten oder die diese zum wesentlichsten Inhalt ihrer Aussage machen, sind Formen der Wirtschaftswerbung. Zu dieser gehören auch viele Äußerungen der Werbung, die sich mit der wirtschaftlichen Unternehmung als solcher befassen oder die auf Aufgaben allgemeiner Art dieser wirtschaftlichen Unternehmung gerichtet sind. Für die letzteren Formen, die sich sehr stark der Grenze nähern können, haben die Amerikaner die Bezeichnung „Institutional Advertising" gewählt. Diese wird aber nur in ganz bestimmten Fällen gebraucht; wenn der Zusatz „Institutional" fehlt, ist in der Regel Wirtschaftswerbung gemeint.

Natürlich finden wir auch Ausdrücke wie „Public Relations Advertising", damit wird gesagt, daß sich eine Public Relations-Äußerung der Formen bedient, die im Bereich der Wirtschaftswerbung entwickelt worden sind.

Vieles der gegenwärtigen Begriffsverwirrung kommt daher, daß fast unsere ganze Fachliteratur und unsere ganze fachliche Erziehung von den Werbemitteln ihren Ausgang nahm. Public Relations sind echte soziale Prozesse, die oft unsichtbar für die Öffentlichkeit und unter unsäglichen Mühen und Anstrengungen verlaufen.

Die Ziele dieser sozialen Prozesse sind vorstehend 1. bis 6. deutlich gekennzeichnet; von ihnen ist das „adjustment", d. h. die Herbeiführung von Übereinstimmung (identity) das Entscheidende.

Es kann niemand behaupten, Public Relations und (Wirtschafts-) Werbung seien das gleiche. Das eine hat im Wesen nichts mit dem anderen zu tun. Public Relations sind soziale Prozesse, die durch den Initiator gestaltet und gesteuert werden. Diese sozialen Prozesse sind zwar auch eine Form des Werbens, denn sie sind eine Form des Gewinnens, eine Form des Sich-an-jemand-Wendens und des Um-ihn-Werbens. Diese bewußten Bemühungen richten sich oft auf die Öffentlichkeit, sie sind oft eine bewußte Arbeit an der Öffentlichkeit und in der Öffentlichkeit, aber sehr oft (um nicht zu sagen „meistens") vollzieht sich der Prozeß des „adjustment" unter „Ausschluß der Öffentlichkeit". Auch bei einer Unternehmung wird durch den Rat eines „PR-Fachmannes", die eigene Haltung zu ändern, sie an den Interessen der Öffentlichkeit zu orientieren und so eine Angleichung der Interessen herbeizuführen, die Intimsphäre der unternehmerischen Politik berührt.

In einem Geleitwort zu dem von dem amerikanischen Professor für Public Relations Howard Stephenson herausgegebenen „Leitbuch der Public Relations" (Essen 1964, 715 Seiten) habe ich gesagt, daß eine industrielle Unternehmung, eine Organisation (z. B. das Rote Kreuz, eine Gewerkschaft) oder eine einzelne Persönlichkeit der Initiator sein kann und daß es für die von hier aus bewußt gestalteten Beziehungen zur Öffentlichkeit einige unabdingbare Voraussetzungen gibt: Es muß der echte Wille vorhanden sein, die Öffentlichkeit zu unterrichten; alle so gegebenen Informationen müssen öffentlichen Glaubens würdig sein. Dieser nie aufhörende, ununterbrochen wirkende soziale Prozeß muß ein Prozeß echter Kommunikation sein, in dem ein Strom der bewußten Beziehung von innen nach außen und von oben nach unten und rücklaufend von außen nach innen und von unten nach oben sich vollzieht.

Das alles ist nie und nimmer mit (Wirtschafts-)Werbung zu bezeichnen, wenn auch die dort entwickelten Medien der Kommunikation jetzt hier angewendet werden. Bei den Bemühungen um die bewußte Gestaltung der Beziehungen zur Öffentlichkeit geht es einfach um „die Geschehnisse, die sich zwischen Menschen abspielen" (von Wiese).

Zum Unterschied zwischen Wirtschaftswerbung und Public Relations sei auch hier darauf hingewiesen, daß in allen Formen des Werbens für Waren oder Leistungen, die „Zu-Umwerbenden", d. h. *die Zielpersonen sofort und unmittelbar die Möglichkeit haben, die Äußerungen in der Werbebotschaft selbst nachzuprüfen. Sie können sogar zwischen gleichartigen Waren und Leistungen Vergleiche anstellen.*

In dem oft sehr zähen, von starken Interessen getragenen und hin und her wogenden Prozeß der Angleichung von Interessen und der Herbeiführung ihrer Übereinstimmung ist das nicht (sofort) möglich.

Hierbei geht es um den sozialen Prozeß der „integration", die nicht selten voraussetzt und fordert, Positionen und Haltungen aufzugeben. Eine neu bezogene Position oder eine neu festgelegte Haltung kann erst nach einer Zeit der Bewährung auch von den in Opposition stehenden Interessenten überprüft werden.

Der Initiator dieser Form der (Public Relations-)Werbung leitet oft einen sozialen Prozeß ein, der sich dann im Ausgang gegen seine eigenen ursprünglichen Interessen richtet und der diese dann völlig aufsaugt. Deshalb müssen besonders bei ihm alle Äußerungen öffentlichen Glaubens würdig sein.

Trotzdem gibt es viele Berührungspunkte zwischen bestimmten Formen der Wirtschaftswerbung und bestimmten Formen der Public Relations-Arbeit.

Es ist aber festzustellen, daß zwischen der Werbung für Waren und Dienstleistungen (Wirtschaftswerbung) und Public Relations wesentliche Unterschiede bestehen.

Dann weiter noch: Oft steht die Public Relations-Werbung nicht nur in sehr enger Berührung mit der Wirtschaftswerbung, sondern sie überschneidet sich damit nicht selten.

In diesem großen, weit in unser wirtschaftliches, gesellschaftliches und politisches Leben hinein reichenden Wirkungsbereich, der in der ganzen Welt mit „Public Relations" bezeichnet wird, können sich verschiedene Teilbereiche deutlich von einander absetzen lassen:

1. *Public Relations für einzelne Personen oder ausgehend von ihnen.* Hierzu habe ich in der „Lehrstunde" auf das Beispiel des alten John D. Rockefeller hingewiesen.
2. *Public Relations für juristische Personen oder ausgehend von ihnen.* Große Teile der „Lehrstunde" beziehen sich hierauf.
3. *Public Relations für Gemeinwesen, Staaten und ihre Einrichtungen oder ausgehend von ihnen.*
4. *Public Relations für Organisationen oder ausgehend von ihnen.*

Es genügt hier, diese Teilbereiche eines großen Wirkungsbereichs der Werbung nur anzudeuten.

Wir haben in der BRD oft versucht, den Begriff „Public Relations", der sich auch in den USA erst klar herausbilden mußte, in die deutsche Sprache zu übersetzen. Der Hamburger Hans *Domizlaff* hat mit dem Titel seines Handbuches der Markentechnik eine sehr überzeugende Erläuterung gegeben: „Die Gewinnung des öffentlichen Vertrauens". Nach eigenen Versuchen mit „Werbung um Vertrauen" und „Werbung um öffentliches Vertrauen" und (auf die industrielle Unternehmung bezogen) mit „Publizität" bin ich endgültig dazu gekommen, den Begriff „Public Relations" so zu akzeptieren und zu benutzen, wie er sich in der ganzen Welt durchgesetzt hat.

Vollkommen geschieden und getrennt von den Wirkungsbereichen der Werbung „Wirtschaftswerbung" und „Public Relations" steht jener Wirkungsbereich, den man seit Jahrhunderten mit *Propaganda* bezeichnet. Auch hier haben wir eine Form des Werbens, wenn vielfach auch in starken Verzerrungen und Verfremdungen.

Leopold *von Wiese* leitet seinen Beitrag „Propaganda" im Handwörterbuch der Sozialwissenschaften (1964, Bd. 8, S. 623) mit dem Satz ein: „Die Propaganda ist eine Unterart der Werbung." In dieser Feststellung ist eine Bestätigung dafür zu sehen, daß die Propaganda auch hier als eine Form der Werbung behandelt wird. (Vgl. Göschen-Band 1234). Es genügt, Johann *Plenge* (Deutsche Propaganda, Essen 1922) wie folgt zu zitieren: „Propaganda ist die Verbreitung geistiger Antriebe, die Handlungen auslösen sollen."

Bei den ‚geistigen Antrieben' handelt es sich in der Regel um Ideologien der verschiedensten Art; diese können politischer, staatlicher, religiöser oder kultureller Natur sein.

Bei den politischen Ideologien kann es sich um solche von Parteien, politischen Gruppen, Staaten, Einrichtungen der Staaten oder von internationalen Organisationen handeln; bei den religiösen Ideologien kann es sich um die Ideologien, die in Staatskirchen, Freikirchen oder Sekten lebendig sind, aber auch um die Ideologien der

Werbung

„Werbung sind alle Äußerungen, die sich an diejenigen richten, deren Aufmerksamkeit zu gewinnen versucht wird"

Die Wirkungsbereiche der Werbung

Wirtschaftswerbung Die Werbung einer wirtschaftlichen Unternehmung umfaßt alle ihre Äußerungen, die sie an diejenigen richtet, deren Aufmerksamkeit sie für ihre Leistungen auf die Dauer gewinnen will."			***Public Relations***				***Propaganda***			
Die Teilbereiche der Werbung										
das Angebot von Waren und Leistungen	die Unternehmung als Ganzes	Aufgaben allgemeiner Art	Jurist. Personen	Gemeinwesen, Staaten und ihre Einrichtungen	Organisationen	Einzelpersonen	Ideologien politischer Natur	Ideologien staatlicher Natur	Ideologien religiöser Natur	Ideologien kultureller Natur
1	2	3	1	2	3	4	1	2	3	4

großen Weltreligionen handeln. Es ist nicht notwendig, das hier weiter auszuführen.

Nunmehr läßt sich für den *Gesamtkomplex der Werbung* die vorstehende Übersicht entwickeln, aus der alle drei Wirkungsbereiche in gesonderten Bänden dieser Sammlung dargestellt und analysiert werden. (WW, 253)

VIII. Die Zielsetzungen der Werbung und die Mittel ihres Ausdrucks*

Es ist nachzuweisen versucht worden, daß jeder Vorgang des Werbens auf ein Ziel gerichtet ist; jeder Vorgang des Werbens verfolgt einen Zweck. Es wäre sinnlos, sich ohne solche Absichten überhaupt um irgendeinen Grad von Aufmerksamkeit bei anderen zu bemühen. Die amerikanische Fachsprache gebraucht für Ziele und Zielsetzungen die Ausdrücke „goals" und „goal setting" oder auch die Ausdrücke „target" und „target indicator". Wenn der Begriff „Funktion" (function) seiner rein mathematisch-physikalischen Bedeutung entkleidet wird, dann verstehen wir unter diesem Begriff einen zweckbestimmten Betätigungsvorgang, einen Vorgang als gesetzte Verpflichtung und Ausrichtung. (WW, 141–253)

* Den ersten Versuch, eine systematische Darstellung der Funktionen der Werbung zu geben, habe ich in meiner Arbeit „werben oder beherrschen" (1. Aufl., Essen 1950, S. 23 bis S. 53) unternommen. Diesen Versuch habe ich weitergeführt in einem Essay, der in der Festschrift für Professor Dr. Walter Däbritz im Dezember 1951 erschien. Dieser Essay ist in vollem Wortlaut im Januar-Heft 1952 der Zeitschrift „Wirtschaft und Werbung" und im Mai-Heft 1952 der Zeitschrift „Die Anzeige" nachgedruckt worden. Diese Versuche habe ich fortgeführt in dem Buch „Wesen und Formen der Werbung" (Essen 1954, S. 61–98) und in dem Aufsatz in der Zeitschrift für handelswissenschaftliche Forschung Heft 10/11 Jahrg. 1960: „Über die Funktionen der Werbung."

Die Association of National Advertisers, Inc. (ANA), New York, hat im Frühjahr 1959 einen Studien-Ausschuß gebildet, um zu untersuchen, „. . . what advertising contributes to sales and pro-

Wie schon in der Überschrift dieses Abschnittes geschehen, können alle drei Begriffe (also in deutscher Sprache „Aufgabe, Ziel, Funktion") gleichgesetzt werden.

Aus vielen Beispielen, besonders bei dem Nachweis der Urformen der Werbung, geht hervor, daß in den weiten Bereichen des menschlichen Lebens und in der horizontalen und vertikalen Verkettung von Beziehungen zwischen Menschen sich eine einzelne Zielsetzung kaum isolieren ließe. In aller Regel wirken mehrere Absichten oder Zielsetzungen zusammen; wenn auch nicht immer in linearer Folge und Reihung. Diese Verkettung führt dann zu einem Spiel der Einflußkräfte und der aus menschlichen Motivationen kommenden Präferenzen in der Folge der Begehrungen.

Die in der Einleitung bereits angedeutete Systematik der Funktionen der Werbung als Gesamt- und Universal-Phänomen läßt sich jetzt wie folgt ergänzen:

A. Die Grundzielsetzungen oder die Grundfunktionen können bezeichnet werden *als Elementar-Funktionen.*

fits in relation to its cost" (zu untersuchen, was die Werbung, unter Berücksichtigung des Aufwandes, zum Umsatz und Gewinn beiträgt). In diesen Ausschuß (Corporate Management Approach to the Advertising Investment) wurden 10 Fachleute großer werbungtreibender Unternehmungen der USA berufen.

In dem 1961 mit 114 Seiten Umfang veröffentlichten Bericht dieser Studien-Kommission werden „52 Advertising Tasks" aufgeführt. Diese Veröffentlichung wurde mir erst nach Abschluß des Manuskripts meines Buches „Wirtschaftswerbung" (Essen 1963) bekannt. Dort (S. 154 ff.) erfolgte der Nachdruck der „52 Advertising Tasks" mit ausdrücklicher Genehmigung der ANA. Hierdurch kann nachgewiesen werden, daß die Werbeforschung in den USA jetzt auch zu der Erkenntnis gekommen ist, daß das Wesen der Werbung durch die Durchleuchtung der Funktionen aufgehellt werden kann. Gerade diese Veröffentlichung aber bestärkt mich in der Gewißheit, daß wir die Dynamik des Wesens der Werbung nur aus ihren Funktionen zu erkennen vermögen. Vgl. R. H. Colley, Defining Advertising Goals for Measured Advertising Results, New York 1961, XIV. 114 Seiten.

B. Die wirtschaftlichen Zielsetzungen oder die wirtschaftlichen Funktionen können bezeichnet werden als *Marketing-Funktionen.*

Die nichtwirtschaftlichen Zielsetzungen oder nichtwirtschaftlichen Funktionen zerfallen in zwei deutlich von einander geschiedene Funktions-Gruppen:

C. Die auf den Ausgleich von Interessen gerichteten Funktionen können bezeichnet werden als
Public Relations-Funktionen.

D. Die auf die Durchsetzung von Interessen gerichteten Funktionen können bezeichnet werden als
Propaganda-Funktionen.

Durch diese neugefaßte Ordnung gewinnt das Spektrum der Funktionen der Werbung sehr viel an Durchsichtigkeit, die notwendig ist, um die Dynamik der Prozesse des Werbens klarer zu erkennen. Zur Erkenntnis des Wesens der Werbung kann nur die Erkenntnis des dynamischen Zusammenwirkens der hier pulsierenden Kräfte führen. Die Frage, die sich für einen Forscher stellt, lautet: Wie wirken diese Kräfte zusammen und läßt sich aus diesem Zusammenwirken eine Erkenntnis des Wesens der Werbung gewinnen?

Der Versuch, dem Wesen der Werbung als Ur- und Gesamtphänomen auf die Spur zu kommen, hat darum dazu geführt, drei Wirkungsbereiche von einander zu scheiden: Wirtschaftswerbung, Public Relations und Propaganda. In jedem dieser Wirkungsbereiche sind (mehr oder weniger deutlich abgrenzbare) Teilbereiche festzustellen.

Da aber die hier wirkenden Kräfte und zweckbestimmten Betätigungsvorgänge – je nach der Situation – in ganz unterschiedlichen Stärken wirken, kann es durchaus sein, daß eine Funktion den Charakter und die Bedeutung einer *Primär-Funktion* erhält und daß andere Funktionen, die zurücktreten, den Charakter von *Sekundär-Funktionen* bekommen. Funktionen, die in dem einen Teilbereich den Charakter einer Primär-Funktion haben, können in anderen Teilbereichen vielleicht sogar irrelevant sein.

Wenn es einmal gelingen würde, die menschlichen Motivationen ihrer Stärke nach zu quantifizieren oder sie mit Meßwerten auszuzeichnen, dann müßte es auch gelingen, das Zusammenwirken der Funktionen der Werbung nach Intensitätsgraden sichtbar zu machen.

Die einzelnen Funktionen der Werbung lassen sich wie folgt aufzählen:

A. Die Elementar-Funktionen:

1. Gewinnung von Aufmerksamkeit und Interesse
2. Unterrichtung/Information
3. Beeinflussung, mit dem Ziel der Begründung von Überzeugungen.
4. Situationsbedingte Aufgaben

B. Die Marketing-Funktionen:

5. Weckung von Bedarf und Kaufbereitschaft
6. Homogenisierung von Bedürfnissen und Bedarf.
7. Gewinnung, Erweiterung und Sicherung von Märkten
8. Schaffung von Transparenz im Absatz- und Beschaffungsmarkt.
9. Einführung oder Wiedereinführung von Erzeugnissen, Marken oder von Herstellernamen.
10. Identifizierung von Erzeugnissen oder Marken.
11. Schaffung von Markenbewußtsein für Firmen und Erzeugnisse
12. Schaffung von Präferenzen, mit dem Ziel der Alleinstellung
13. Leistungs- und Qualitätsgarantie
14. Herbeiführung von Entscheidungen
15. Absatz- und Verkaufserleichterungen
16. Erfassung von sonst unerreichbaren Einflüssen
17. Rationalisierung in Produktion und Vertrieb
18. Hilfe für Dritte im Vertrieb
19. Verbrauchs- und Umsatzsteigerungen
20. Verbindung von Generationen
21. Stiftung von Nutzen für die Verbraucher
22. Gewinnung von Vertrauen in den Werbungtreibenden
23. Aneiferung für die ganze Unternehmung

24. Sicherung der Unternehmung
25. Auslese durch Auseinandersetzung mit dem Wettbewerb
26. Auswirkungen eigener Initiative auch für den Wettbewerb

C. Public Relations-Funktionen:

27. Allgemeine Aussage
28. Repräsentation
29. Formung von Vorstellungen/Vorstellungsbildern (image)
30. Gewinnung der öffentlichen Meinung

D. Propaganda-Funktionen:

31. Missionierung, Aufrüttlung
32. Beeinflussung im Sinne von Ideologien/Dogmen
33. Bildung von Kampfgemeinschaften/Zirkeln/Gruppen
34. Wirkung in die Breite, Mobilisierung/Umwandlung von Massen
35. Aufforderung zu Aktionen, um Zielsetzungen auch mit Gewalt durchzusetzen

Für diesen ersten grundlegenden Teil der Gesamtdarstellung ist die Gruppe der Elementar-Funktionen von besonderer Bedeutung; für alle übrigen genügt diese Aufzählung. Mit der Bezeichnung „Elementar-Funktion" soll ausgedrückt werden, daß jede der hier aufgezählten vier Funktionen in jedem der drei Wirkungsbereiche der Werbung eine wichtige Aufgabe hat.

Der politische Agitator, der in allen Phasen des politischen Kampfes ausgebildet worden ist, hat jede dieser Funktionen zu beachten. *Lenin* (Werke, Bd. 4, S. 274) sagt: „Die Ausbreitung der Agitation brachte . . . Fühlung mit den untersten, am wenigsten entwickelten Schichten des Proletariats; die Heranziehung dieser Schichten erforderte vom Agitator die Fähigkeit, sich dem niedrigsten Auffassungsniveau anzupassen, gewöhnte ihn daran, die ‚Erfordernisse und Interessen des gegebenen Augenblicks' in den Vordergrund zu rücken und die umfassenden Ideale des Sozialismus und des politischen Kampfes zurückzustellen."

Das leitende Ziel auch des Agitators (und nicht nur des politischen!) ist in der Begründung von Überzeugungen zu sehen (Funktion 3); um in den „Interessen des Augenblicks" (Funktion 4) die ersten Kontakte zu bekommen, muß er „Fühlung mit den untersten, am wenigsten entwickelten Schichten nehmen" (Funktion 1) und er muß „die Fähigkeit" entwickeln, bestimmte „Ideale des Sozialismus und des politischen Kampfes zurückzustellen", – er muß also über die Techniken der Unterrichtung und der Information verfügen (Funktion 2), die von ihm eine Beherrschung der ganzen dialektischen Methodik verlangen.

Auch für diesen Wirkungsbereich der Werbung könnte es wichtig sein, wenn wir sicher wüßten, welche Wichtungen und welche Meßwerte zu setzen wären. Die vier Elementar-Funktionen der Werbung haben für alle drei Wirkungsbereiche eine gleichrangige Bedeutung, wenn sie auch von den für jeden Wirkungsbereich gesondert gekennzeichneten Funktionen in ihrer Grundrichtung bestimmt werden. Diese vier Elementar-Funktionen sind also nicht in irgend einer Art von Vakuum oder in einer Art verdünnter Luft, sondern sie sind in der Lebenssubstanz der Werbung überhaupt wirksam.

Die Menschen sind über die Ur-Formen des werblichen Strebens, Begehrens und Bemühens, d. h. über die einfachen Formen der Äußerung (Blick, Gebärde, Miene, Geste oder Zeichen) hinausgekommen. Diese Entwicklung hat sich, von gewissen Ereignissen ab, mit Riesenschritten und in steigendem Tempo vollzogen.

Über die Geschichte der Werbung besitzen wir eine ganze Reihe hervorragender Darstellungen. Ein kurzer Blick auf diese reiche Palette der werblichen Ausdrucksmittel, die von Menschen im Laufe der Jahrtausende und der Jahrhunderte entwickelt worden sind, gehört zur Voraussetzung der Betrachtung der Funktionen der Werbung. Die Zielsetzungen der Werbung würden ohne Substanz sein, wenn nicht nachgewiesen würde, daß jede einzelne Funktion nur durch Anwendung von Mitteln wirksam werden kann (WW, 95 ff.).

Eine der größten Materialsammlungen sind die Arbeiten von Walter von Zur Westen* gewesen. In den veröffentlichten Studien eines Privatgelehrten, den die reine Leidenschaft zur Sache der Werbung bewegt hat, sind Hinweise darüber in großem Maße vorhanden, daß in dem „Ausrufer" wohl der älteste Repräsentant der Reklame zu sehen ist. Walter von Zur Westen weist darauf hin, daß zu der Zeit, als das Lesen eine weit verbreitete Fertigkeit geworden war, die Wichtigkeit des Ausrufers als Verbreiter von Nachrichten eine viel geringere Bedeutung hatte als in den Perioden primitiver Kultur. Die Staatsgewalt ging sobald wie möglich dazu über, ihre Anordnungen in einer dauerhafteren Form zu veröffentlichen, als es durch die Stimme des Herolds möglich war. In Griechenland wie in Rom, überhaupt in allen antiken Staatswesen wurde daher schon in früher Zeit die Anbringung von Tafeln mit dem Gesetzestext auf öffentlichen Plätzen üblich; die weiß gestrichenen Holztafeln erhielten die volkstümliche Bezeichnung „Album".

Zu der akustischen Werbung in der Form des Ausrufs gehören die Ausrufe von Kesselflickern, Scherenschleifern, Schornsteinfegern, Fisch- oder Kohlenhändlern, für die in dem großen Werk von Walter von Zur Westen [4] zahlreiche Abbildungen zu finden sind. Der Ruf, der Ausruf, der Schrei (le cri) hat immer der Nachrichtenverbreitung gedient. Die Kirche bediente sich in der Frühzeit des Ausrufers, bis

* Von Walter von Zur Westen liegen mir neben zahlreichen Aufsätzen folgende Buchveröffentlichungen vor:
[1] Reklamekunst, 1. Aufl., Bielefeld 1903, 148 Seiten; 2. Aufl., Bielefeld 1914, 164 Seiten, mit 191 Abbildungen.
[2] Berlins Graphische Gelegenheitskunst, Bd. 1, Berlin 1912, 202 Seiten; Bd. 2, Berlin 1912, 185 Seiten, mit mehr als 1000 Abbildungen und Beilagen.
[3] Vom Kunstgewand der Höflichkeit, Glückwünsche, Besuchskarten und Familienanzeigen aus sechs Jahrhunderten, Berlin 1921, 306 Seiten, mit mehr als 400 Abbildungen und Beilagen.
[4] Reklamekunst aus zwei Jahrtausenden, Berlin 1925, 324 Seiten, mit mehr als 300 Abbildungen.

sie später die tönenden Metallplatten durch Glocken ersetzte, und im Orient ruft heute noch ein Ausrufer täglich zum Gebet.

Die Ausrufer auf Messen und Märkten sind auch heute noch eine alltägliche Erscheinung, und in kleinen Orten ist der Ausrufer oder Büttel als der Verkünder amtlicher Nachrichten immer noch bekannt, wenn auch in früheren Jahrzehnten solche Bekanntmachungen durch Schellen, Trommeln oder Trompeten vorangekündet worden sind.

In der Bayrischen Staatsbibliothek wird ein Flugblatt aus dem Jahre 1622 aufbewahrt, durch das nachgewiesen wird, daß der Augenarzt Balthasar Grose berechtigt war, durch den Pfarrherrn dem gemeinen Manne seine Kunst verkünden und ihnen sagen zu lassen, wo der Wunderarzt zu finden sei.

Statt der Ausrufer kommen andere Formen der Ankündigung auf: Affichen, Zettelverteiler für Preislisten und Geschäftskarten und die Erfindung der Buchdruckerkunst um 1440 bis 1450 öffnet alle Tore für immer neue Formen der gedruckten Ankündigung. Mit dem Aufkommen der Zeitungen wird eine neue Periode der Werbung überhaupt eingeleitet.

Nach der Entwicklung von der akustischen Werbung zur optischen Werbung scheint sich durch den Rundfunk die Entwicklung wieder zurückzuwenden; ja man kann sogar behaupten, daß durch das Fernsehen eine überwältigende Kombination beider Formen der Werbung gefunden worden ist. Die Mittel der Werbung sind wiederholt systematisch und umfassend dargestellt worden, und es läßt sich sagen, daß der Einsatz sowohl der akustischen als auch der optischen Mittel der Werbung in der Regel zu dem Zweck erfolgte, um dadurch Ankündigungen zu bewirken.

In seinem dreibändigen Werk „6000 Jahre Werbung – Geschichte der Wirtschaftswerbung und Propaganda" (Berlin, Bd. I und II., 1962, Bd. III. 1966) überschreibt Hanns *Buchli* das einleitende Kapitel mit dem faustischen Satz: „Am Anfang war das Wort!"

Bei der Arbeit an der vorliegenden Darstellung des Wesens und der Formen der Werbung, ihrer Wirkungsbereiche und Zielsetzungen, kam mir die Überlegung, ob wir Menschen nicht vor der Entstehung einer „Wort"-Sprache doch schon eine Zeichensprache gehabt haben und ob die Menschen in jener undurchdringlich dunklen Zeit nicht auch damals schon eigene Formen des Werbens gehabt haben mögen? Möglicherweise führen uns die weiter noch anzustellenden Überlegungen zu einer größeren Gewißheit. Jedenfalls wird auch in den Göschen-Bändchen 1232/34 hierauf noch zurückzukommen sein.

IX. Die vier Elementar-Funktionen der Werbung

Diese als Elementar-Funktionen bezeichneten Aufgaben der Werbung, die für alle Wirkungsbereiche die gleiche Bedeutung haben, sollen im einzelnen erläutert werden.

1. Gewinnung von Aufmerksamkeit und Interesse (WW, 177)

Der begehrende Blick des Säuglings in jenen frühen Tagen des Erdenlebens, in denen er noch über keinen artikulierten Laut verfügt, ist sicher eine Ur-Form der Werbung; diesen Ur-Formen der Werbung begegnen wir dort, wo sie sich auf menschliche Existentialbedürfnisse oder auf die letzten Bedingungen unseres Daseins zurückführen lassen. Auch in diesem Zustand haben wir Menschen ein ganzes Kaleidoskop von Ausdrucksformen: Die Gebärde, die Geste und das Mienenspiel. Solche Ur-Formen des Werbens um die Aufmerksamkeit und um die Gewinnung von Interesse haben wir in großer Vielfalt auch heute noch.

In den Jahren 1926 bis 1931 stand um die Mittagszeit an der Battery, jenem kleinen freien Platz am untersten Zipfel von Manhattan auf einer „soap box" ein großgewachsener Neger mit breitkrempigem Cowboy-Hut mit dem Blick auf die in der Lunch-Pause geschäftig an ihm vorbei wogende Menge. Sobald sich durch irgendeine Stauung, durch einen Vorgang auf dem Fahrdamm oder durch neugierige Fremde um ihn oder in seiner unmittelbaren Nähe ein oder zwei Dutzend Menschen aufhielten, stieß er einige Urlaute aus, wie sie im Dschungel auf Eingeborenenfesten in der Nacht letzter Losgelöstheit zu hören sind. Die noch lose um ihn herumstehenden Menschen „versammelten sich" geradezu um ihn und schauten ihn an. Dann schoß aus seinem Rock eine Papierschlange, wie man sie von Karnevalsfesten her kennt, hervor und auf die zunächst stehenden Menschen zu. Schließlich begann er, von diesem Symbol der Sündhaftigkeit der Menschen zu sprechen. Seine missionarischen Aufrufe dauerten 10 bis 15 Minuten; sie wiederholten sich über die Mittagszeit drei- bis viermal. Jedesmal, ob mit dem Symbol der Schlange oder mit der Nachbildung des menschlichen Herzens, waren es seine Urlaute, die die erste Aufmerksamkeit erregten, und zwar ohne Ausnahme!

Jedesmal aber konnte man feststellen, daß es diesem eifrigen Missionar an der Straßenecke einer Weltstadt nur selten gelang, das Interesse für die Botschaft zu wecken, die ihm am Herzen lag und die er jahraus, jahrein dort verkündete. Er wußte auch nicht, daß bei einem, von dem er echtes Interesse annahm, der Wunsch vorherrschte, von ihm einige neue Worte der englischen Sprache zu lernen, deren dieser Zuhörer mehr bedurfte als seiner gutgemeinten Spekulationen über diese und eine andere Welt. Und – das sei dankbar vermerkt – der Neger sprach ein gutes Englisch!

Wir alle kennen diese Effekte zur Weckung der Aufmerksamkeit: die Glocke des Dorfbüttels, die Rufe vom Minarett in der Wüste, die Schelle am Altar, die Ankündigungen in den Parlamenten, wie: „Der Präsident", das „Achtung" auf dem Kasernenhof oder in der Mannschaftsstube, das Klopfen einer mechanischen Vorrichtung auf die Schaufensterscheibe oder den Punktstrahler, der aus der allgemeinen Beleuchtung die Aufmerksamkeit des Betrachters führen soll. Vielfach, ja unübersehbar sind die Mittel und Techniken, „aufmerksam zu machen".

Wer aber Werbung zu planen und zu gestalten hat, muß daran denken, daß die bloße „Aufmerksamkeit" einfach nicht genügt. Werbung hat zur nächsten Stufe, zum Interesse, d. h. zur „geistigen Teilnahme" zu führen, zur Auseinandersetzung mit demjenigen Phänomen, auf das wir aufmerksam gemacht worden sind. Es geht um die „geistige Teilnahme" an dem durch die Werbung angezeigten Produkt oder an der angebotenen Dienstleistung.

An den Anfängen der meisten zwischenmenschlichen Prozesse des Werbens steht ein Initiator, jemand, der die Aufmerksamkeit erregen will. Ob er sich dabei persönlich exponiert, wie jener sympathische, dunkelhäutige Missionar in New York oder ob er sich dabei anderer Menschen oder Sachen als Mittler bedient, das ist gleichgültig: Von dem Initiator geht der Anstoß aus! Das Risiko, das mit jeder dieser allerersten Bemühungen verbunden ist, liegt darin, daß es ihm gelingt, dem Umworbenen (d. h. die Zielperson) zu einer geistigen Teilnahme zu bewegen. Bemüht er sich selbst um eine Frau, die er gewinnen möchte, und der er sich von seiner besten Seite zu zeigen versucht, dann besteht das Risiko darin, ob sie sich wirklich mit ihm beschäftigt. Bemühen wir uns um einen echten caritativen Zweck, den wir mit Fanfaren ankündigen und in Bewegung setzen können, dann liegt das Risiko darin, ob sich die Zielpersonen auch wirklich dieser Sache so annehmen, als wäre es ihre eigene.

Bemühen wir uns um eine Ware, für die wir einen Markt suchen, dann hängt es von 344 Wettbewerbsmarken* der elektrischen Haus- und Küchengeräte,
von 42 Wettbewerbsmarken der Feinseifen und medizinischen Seifen,
von 126 Wettbewerbsmarken der Putzmittel,
von 58 Wettbewerbsmarken der Autoreifen,
von 137 Wettbewerbsmarken der Waschmittel und
von 74 Wettbewerbsmarken der Zigaretten ab, ob es dem Initiator

* Zahlen nach Liselotte Aschpurwis, Die Entwicklung der Markenwerbung in einzelnen Industriebereichen. Die Absatzwirtschaft, 1. Märzausgabe, 1965.

gelingt, gegen diese Konkurrenten die Zielpersonen (deren Aufmerksamkeit zu erregen einmal unterstellt wird!) dazu zu bewegen, in einen Prozeß der geistigen Auseinandersetzung oder der geistigen Teilnahme einzutreten.

Dieser „turning point" ist die schwierigste Angel in dem ganzen Prozeß des Werbens, und hier wird schon deutlich, daß auch eine einzige Elementar-Funktion der Werbung niemals allein und isoliert in diesem ganzen Auf und Ab bestehen kann.

2. *Unterrichtung und Information* (WW, 178)

Auch bei Produkten wie Feinseifen, Putzmittel oder Waschmittel, die sich an die sekundären Motivationen der Sauberkeit und der Gesunderhaltung wenden, ist eine Information über die Eigenschaften oder Leistungen des Erzeugnisses eine Voraussetzung dafür, die gewonnene Aufmerksamkeit in echtes Interesse oder in geistige Teilnahme umzuwandeln.

Wenn wir uns mit den gerade jetzt angeführten Beispielen schon sehr stark dem Wirkungsbereich der Wirtschaftswerbung genähert haben (dem Bd. 1232 gewidmet sein wird), so läßt sich ein Autor berufen, der vor mehr als 100 Jahren in seinem Buch „Der Telegraf als Verkehrsmittel mit Erörterungen über den Nachrichtenverkehr überhaupt" (Tübingen 1857) sich auch mit der „Werbung" beschäftigte, die er im damaligen Sprachgebrauch noch „Annonce" nannte.

Aus diesen vor einem Jahrhundert bereits in aller Öffentlichkeit von Karl Knies diskutierten Erkenntnissen geht folgendes hervor:

1. Die Werbung ist ein Mittel des Wettbewerbs und der Leistungsauslese.
2. Die Werbung ist ein Mittel der Unterrichtung, und sie dient zur Verbreitung von Kenntnis und Wissen.
3. Die Werbung hat sich sachlicher Darstellungen zu bedienen; die Methoden der Täuschung und der Marktschreierei werden nicht nur schon von Karl Knies, sondern auch schon vor ihm als falsch bezeichnet.

4. Die Werbung muß sich in dieser sachlichen Unterrichtung überzeugender Beweise bedienen.
5. Die Werbung richtet sich auf die eigene Leistung (Waren oder Dienstleistungen) des Werbungtreibenden.
6. Die Werbung hat die Vorteile, die diese Waren oder Dienstleistungen für den Umworbenen bieten, zum Gegenstand und Inhalt.

Unter Zusammenfassung dieser Erkenntnisse läßt sich sagen:
Die in aller Öffentlichkeit wirkende Wirtschaftswerbung als ein Mittel des Wettbewerbs und der Auslese hat in sachlicher Beweisführung die Vorteile der eigenen Leistung hervorzuheben.

Wenn sich auch für die schon sehr thesenhaft ausgesprochenen Grundsätze manche Beweisführungen erst bei den Diskussionen über die Wirtschaftswerbung geben lassen, so soll gerade hierdurch auf ein Beispiel für die Notwendigkeit der Unterrichtung und Information hingewiesen werden aus einem Bereich der technisch-ingenieurmäßigen Werbung, in dem die Information über Fakten und die Unterrichtung über Tatsachen einfach unerläßlich ist.

Als der Ausdruck „marketing" in die deutsche Sprache einbrach, stellte sich auch bei uns sehr bald der Begriff „marketing-mix" ein, den wir Neil H. *Borden* verdanken.

Soweit die Wirtschaftswerbung in den frühen Marketing-Vorstellungen Platz hatte, brauchte sie sich nicht sonderlich um „facts" zu sorgen, denn im Bereich der Konsum- und Verbrauchsgüter spielten Motivationen und Emotionen eine weitaus größere Rolle als Fakten.

Seit wir nun auch von „Industrial Marketing" sprechen, kennen wir Formen der Werbung mit anderen Kategorien als bei der Werbung für Konsum- und Verbrauchsgüter. E. Raymund *Corey* hat mit seinen „Cases and Concepts" unter dem Titel „Industrial Marketing" (Prentice Hall, Inc., 1962, 470 Seiten) gewisse wissenschaftliche Grundlagen für diesen Bereich gelegt. *Corey* sagt: „Industrial marketing is concerned with the marketing of goods and services to business and other organizations for use in the goods and services which they, in turn, produce."

In diesen sehr rationalen Prozessen des industriellen Vertriebs oder Marketing stellt sich die Frage: Lassen sich die „Buying Motivations" irgendwie bestimmen, lassen sie sich irgendwie beeinflussen und welches Instrumentarium steht uns dafür zur Verfügung? Dient auch im Bereich der Werbung für Investitionsgüter und Industriebedarf die *Wiederholung* von Werbebotschaften dazu, „product recognition" der Käufer zu erreichen oder verspricht der *Prozeß des „learning"* von „secondary or derived motives or wants" im industriellen Marketing nicht doch den größeren Erfolg?

Es muß klar und deutlich dargelegt werden, worüber diese Form der Werbung zu unterrichten oder zu informieren hat und welche Träger (vehicles) der industriellen Kommunikation für diese spezielle Aufgabe zweckmäßigerweise gewählt werden.

Alle noch so umfassenden Formen einer Information über Industriebedarf müssen zwei grundlegende Unterscheidungen beachten: Es ist danach zu unterscheiden, ob sich diese Information bezieht auf:

Die Tatsache, daß sich in der technisch-industriellen Werbung die „facts" als lehr- und lernbare Motivationen durchgesetzt haben, führt zu der Frage nach ihrer grundsätzlichen Charakterisierung.

Die Werbung für Industriebedarf, für Investitionsgüter und für ganze Industrieanlagen, macht es erforderlich, sich mit dem Informationsgehalt dieser Form der Wirtschaftswerbung eingehender zu befassen.

I. Maschinen, technisches Gerät, Anlagen, d. h. auf Produkte, die weiterhin der Produktion oder dem laufenden Betrieb dienen,

oder ob es sich um

II. Werkstoffe oder Betriebsmittel handelt, die weiterverarbeitet werden oder dem Prozeß der Weiterverarbeitung oder der Produktion dienen.

In beiden Fällen sind zwei weitere Unterscheidungen zu machen, danach

a) ob es sich um bereits bekannte Maschinen, Anlagen oder um bereits benutztes technisches Gerät oder um bereits bekannte Werkstoffe oder Betriebsmittel

handelt, oder ob

b) Maschinen, technisches Gerät, Anlagen, Werkstoffe völlig neu auf den Markt kommen, mindenstens aber, ob sie weiterentwikkelt wurden.

In jedem Falle dieser grundsätzlichen Unterscheidung nach vier Richtungen ist das, was zu den nachstehend genannten Hauptforderungen nach Information und Unterrichtung zu sagen ist, durch Einzelfakten, Daten oder technische Erläuterungen zu ergänzen. Dabei ist darauf hinzuweisen, daß je nach Ziel oder Zweck der Werbemaßnahme einzelne Fakten zu erwähnen sind und daß andere vernachlässigt werden können. In diese Überlegungen sind einzubeziehen Angaben über

Verkaufs-, Angebots-Preise,
Lieferzeiten,
Maße, Größenangaben,
Hinweise auf die Form,
Anschlußwerte,
Hinweise auf bestimmte Werkstoffe,
Fotos, Zeichnungen, Schnitte,
verfügbare Literatur.

Überall da, wo es eben möglich ist, sollten auch

Erfahrungsberichte,
Darstellungen von Erprobungen,
Referenzen

gegeben werden.

Es sollte aber folgenden Grund- und Hauptforderungen an den Informationsgehalt der technischen oder industriellen Werbung entsprochen werden:

A. Werbung für Maschinen, technisches Gerät, Anlagen

1. Gebrauchs- und Bedienungsanleitungen. Anleitungen für die Wartung, für den laufenden Betrieb und die Instandhaltung. Anleitungen für besondere Möglichkeiten des Einsatzes oder der Anwendung. Mitarbeit anwendungstechnischer Fachkräfte.

2. Objektive Darstellung der wichtigsten Eigenschaften. Betonung des technischen Fortschritts, der Weiterentwicklungen und der Verbesserungen. Schilderung von Neuentwicklungen und deren Gebrauchsreife.

3. Besonderheiten der Konstruktion oder der Verfahrenstechnik.

4. Fragen der Wirtschaftlichkeit sind eingehend zu erörtern. Dazu sind genaue Angaben über die Kosten und die Leistung zu machen. Hierher gehören Nachweise des effektiven wirtschaftlichen Nutzens, z. B. aus ermöglichten Rationalisierungen. Verfügbarer Kunden- oder Beratungsdienst.

5. Generelle Information über die anbietende Firma, über ihr „standing", über ihren fachlichen Ruf als Garantiefunktion. Da, wo erforderlich, sind auch Mitteilungen über die Patentlage und über das verfügbare „know-how" zu machen.

B. Werbung für Werkstoffe oder Betriebsmittel

1. Verarbeitungsanlagen, Verfahrensfragen, Verfahrens-Schemata, fachliche Mitwirkung bis zu einem bestimmten Leistungseffekt.

2. Chemisch-physikalischer-metallurgischer Aufbau des Werkstoffs oder der Betriebsmittel. Deren wissenschaftliche Grundlagen und Auswirkungen in der Praxis. Umfang des technischen Fortschritts.

3. Besonderheiten der Anwendungs- und Verarbeitungstechnik. Anwendungstechnische Anleitung zur Weiterverarbeitung. Anwendungsmöglichkeiten.

4. Hinweise wie unter A 4.

5. Hinweise wie unter A 5.

Derjenige, der sich an diesem Prozeß der industriellen Kommunikation beteiligen will, muß vor allem die Sprache derjenigen beherrschen, an die er seine Information richtet. Er muß die Ausdruckskraft haben, fachlich-technischen Gehalt visuell umzusetzen.

In einem so sehr von rein technisch-rationalen Überlegungen beherrschten Lebens- und Wirtschaftsbereich, wie in dem der Investitionsgüter, ist die Unterrichtung der Zielpersonen sicher notwendiger als in jenen Bereichen des Klein- und Bequemlichkeitsbedarfs einer Hausfrau oder eines Büros. Aber auch hier ist die Information der Schlüssel zu jenem Prozeß, der von der geweckten Aufmerksamkeit zu der geistigen Teilnahme eines echten Interesses führt.

3. Beeinflussung, mit dem Ziel der Begründung von Überzeugungen (WW, 194)

In den Definitionen der meisten Autoren, die sich mit dem Phänomen Werbung auseinandergesetzt haben, ist gesagt, daß die Werbung eine Form der Beeinflussung sei. Das Wort „Beeinflussung" (oder beeinflussen) hat nicht nur *eine* Bedeutung. Bei der späteren Analyse der Funktion 32 ist zu sagen, daß uns durchaus Formen der Beeinflussung im Sinne von geistigem Zwang oder Druck, seelischer Nötigung, zwingender Überredung oder sogar geistiger Vergewaltigung bekannt sind. Hierher gehören Vorgänge des „behexen", „bezirzen", „entflammen", „frenetisieren", „herum kriegen" oder das „jemand empfänglich machen".

Ein Arzt aber, der einem Patienten im Verlaufe einer völlig offenen Konsultation alle Phasen der Krankheit auseinandersetzt, der dem Kranken über seine Diagnose keinen Zweifel läßt, der ihm vor Augen stellt, was wahrscheinlich geschieht, wenn der Kranke dem Rat des Arztes folgt und was möglicherweise geschehen wird, wenn er dem Rate nicht folgt, der dem Kranken von anderen Patienten oder von sonstwie bekanntgewordenen Fällen erzählt, um den Kranken für ***eine eigene, freiwillige Entscheidung aus sich selbst heraus zu gewinnen,*** dieser Arzt, der (bei allem Ernst seiner Ermahnungen oder

Hinweise) dem Kranken die letzte Entscheidung darüber überläßt, ob der Kranke so oder so handeln will, dieser Arzt ist wohl einem Lehrer zu vergleichen, der seinen Schülern ein Bild der möglichen Entwicklung vorstellt, dem sie freiwillig nachstreben sollten. Dieser Arzt ist nicht jenem asketischen Mönch vergleichbar, der durch seine Predigt die angesprochenen Menschen in einen Zustand seelischer Not und Angst zu versetzen versucht, um sie buchstäblich „zu beeinflussen", sich so oder so zu entscheiden.

Da aber, wo wir als Ziel vor uns die Begründung von Überzeugungen sehen, kann die Werbung nur den Charakter der echten „Gewinnung" haben. *Eine Überzeugung „begründen" heißt in Wirklichkeit, jemanden aus freier Entscheidung* (nachdem ihm alle Entscheidungsgründe offen-gelegt worden sind) *für ein Ziel gewinnen.*

Diese Funktion der Werbung – diese Aufgabe, die der Werbung gesetzt ist – ist besonders schwer zu realisieren.

Dem Begriff der „Überzeugung" steht in der Werbung ein anderer Begriff genau entgegen; das ist der Begriff „Meinung".

„Überzeugung (persuasio) ist Durchdrungensein von einer Wahrheit oder Richtigkeit, von der Gültigkeit eines Urteils, einer Wertung, einer Forderung. Je nach den Gründen, auf die sich das Geltungsbewußtsein, das Fürwahrhalten stützt, ist die Überzeugung subjektiv oder objektiv" (Eislers Handwörterbuch der Philosophie, Berlin 1922).

Zu dem Begriff der „Meinung" hat sich Immanuel Kant (Kritik der reinen Vernunft, München 1920, S. 634) einmal wie folgt geäußert: „Das Fürwahrhalten oder die subjektive Gültigkeit des Urteils in Beziehung auf die Überzeugung (welche zugleich objektiv gilt) hat folgende drei Stufen: Meinen, Glauben und Wissen. Meinen ist ein mit Bewußtsein sowohl subjektiv als objektiv unzureichendes Fürwahrhalten. Ist das letztere nur subjektiv zureichend und wird zugleich für objektiv unzureichend gehalten, so heißt es Glauben. Endlich heißt das sowohl subjektiv als objektiv zureichende Fürwahrhalten das Wissen."

Wenn wir uns jetzt deutlich machen, daß sich alle Wirtschaftswerbung, sofern sie nicht ganz „gezielt gestreut" wird, an die breite Öffentlichkeit wendet, dann erkennen wir sofort, daß Überzeugungen in der Gesamtheit der Gesellschaft nur sehr schwer und nur nach sehr mühsamer Arbeit zu „begründen" sind. „Begründen aber heißt, den Grund von etwas angeben, Urteile oder Handlungen rechtfertigen," (Eislers Handwörterbuch der Philosophie).

Es geht also bei der Werbung, wenn ihr diese Aufgabe gesetzt ist (und diese Funktion ist eine der wichtigsten Grundfunktionen überhaupt!), darum, denjenigen, an die sich ihre Äußerungen richten, durch die Angabe von Beweisgründen, durch die Unterrichtung über Urteile, deren Gültigkeit außer Zweifel steht, durch sichtbare Demonstrationen oder Darlegungen, durch die Information über die unabdingbare Notwendigkeit, d. h. durch Offenlegung wirklicher Ursachen, die Gewißheit zu geben, daß das, was mitgeteilt wird, „sowohl subjektiv als objektiv" für wahr gehalten werden kann. Unsere Werbung muß die Umworbenen in den Zustand des Wissens, d. h. der Überzeugung versetzen.

An dieser Stelle muß ausdrücklich darauf hingewiesen werden, daß das aus dem lateinischen „persuasio" kommende englische Wort „to persuade" überzeugen (Überzeugung) und nicht verführen (Verführung) heißt.

Wir sind durch die geschäftstüchtige Rabulistik, die hüben und drüben mit anreißerischen Buchtiteln getrieben wird, vielfach zu Auffassungen über diesen Begriff gekommen, die letzten Endes wieder zu vielen falschen Auffassungen über das Wesen der Werbung (auch in Kreisen der Wissenschaft und der Wirtschaftspolitik!) beigetragen haben. Es wird schwer sein, diese falschen Auffassungen zu korrigieren und „Überzeugungen" vom echten Wesen der Werbung zu „begründen".

In einem Bericht der „New York Times" vom 28. Juli 1958 über den Weltkongreß der „Zeugen Jehovas", an dem 180.000 Menschen teilnahmen, steht der Satz: „Sie glauben, daß der letzte Entscheidungskampf zwischen Gut und Böse – Armageddon – nicht mehr ferne ist. Sie glauben weiter, wenn dieser Tag kommt, daß nur diejenigen ‚of their persuasion' gerettet werden."

Wenn jemand hier das Wort „persuasion" mit „Verführung" wiedergeben würde, dann wäre das falsch.

Hier heißt „persuasion" ausschließlich und allein „Überzeugung"; dieses Wort ist (nach Webster's Dictionary of Synonyms) mit „conviction" (Überzeugung), mit „belief" (Glauben, Bekenntnis), mit „opinion" (Meinung, Ansicht), mit „view" (Auffassung, Standpunkt) und mit „sentiment" (Gesinnung, Haltung) zu übersetzen. Webster's nennt kein weiteres synonymes Wort, auch nicht das Wort „Verführung".

Hauptworte sind in ihrer Ausdruckskraft immer schwächer als Zeitworte. Das Zeitwort „persuade/persuading" aber erläutert der Große Webster wie folgt: 1. Durch Beweise (arguments), durch Ratschläge/Mitteilungen (advice), durch dringende Bitte (entreaty) oder durch ernste Vorhaltungen (expostulations) auf jemanden einwirken (to influence); 2. durch Beweise (arguments) oder durch Vernunftgründe (reason) jemanden überzeugen (to convince); 3. durch Beweise (arguments) oder ernste Vorhaltungen jemandem etwas einprägen (to inculcate). Webster's bringt einen herrlichen Text, der diese Wortliste lebendig erläutert: Nach dem langen Streitgespräch zwischen dem König Agrippa und dem Apostel Paulus (Apostelgeschichte, 25. und 26. Kapitel) spricht König Agrippa zu Paulus (26, 28): „Es fehlet nicht viel, du überzeugest mich, daß ich ein Christ würde." Der englische Text lautet: „Almost thou persuadest me to be a Christian."

Würde jemand hier das Wort „persuade", das in dem zwei volle Kapitel der Bibel beanspruchenden Streitgespräch vorkommt, mit „verführen" übersetzen, dann ließe sich hier auch nur sagen, daß das falsch wäre.

Bedürfte es nun auch noch eines Wortes aus der Welt unserer Tage, dann könnten viele Beispiele angeführt werden, die diejenigen Lüge strafen, die meinen, „persuasion" hieße „Verführung".

Vance Packard hat seinem Buch, einem jener Bestseller in den USA, die von geschickten Titeln und von anreißerischer Werbung leben, „The Hidden Persuaders" den Titel gegeben, der diesem Buch zukommt.

Die Werbung selbst aber hat „persuading" im echten und klassischen Sinne zu sein! Die Werbung hat Beweise zu erbringen; die Werbung hat Mitteilungen zu machen; sie hat zu unterrichten. Die Werbung hat durch Vernunftgründe zu überzeugen, und in sehr vielen Fällen hat sie auch durch ernste Vorhaltungen auf die Menschen einzuwirken. Es kann durch keinerlei Dialektik von der echten Aufgabe der Werbung abgelenkt werden, die darin besteht, daß die Werbung echte Überzeugungen, feste Ansichten und eine unbeirrte Haltung zu erreichen hat.

Beeinflussung, mit dem Ziel der Begründung von Überzeugungen, ist eine Zielsetzung der Werbung, die wohl zu den unbestrittensten „goals" oder „targets" gehört. Wenn wir mit dieser sicher sehr hoch gespannten Forderung an alle diejenigen, die sich der Werbung in der einen oder anderen Form bedienen und die sie für ihre Zwecke nutzen, – wenn wir mit dieser Forderung eine tiefere Resonanz finden würden, als es die oft sehr harten Wettbewerbsformen zuzulassen scheinen, dann würden wir viele Angriffe gegen die Werbung im Keim ersticken oder gar nicht erst zur Wirkung kommen lassen.

4. Situationsbedingte Aufgaben

Die Werbung ist ein sozialer Prozeß; ihr sollte auch ein Hauch sozialer Verpflichtung innewohnen. Wäre die Werbung nur ein privatwirtschaftliches Instrument der Gewinnmaximierung einer Unternehmung oder wäre sie nur ein Instrument in der Hand eines skrupellosen Politikers, lediglich um seinen persönlichen Einfluß zu festigen, – dann wäre sie ein gefährliches Instrument.

Karl Knies hat ausgesprochen, daß die Werbung ein Instrument des Wettbewerbs, „ein Haupthebel der Concurrenz" ist. „Der Annoncirende tritt ja gleichsam auf eine öffentliche Plattform, auf der ihn die sehen sollen und können, deren Augen er auf sich richten will, aber auch die wahrnehmen, die viel lieber selbst statt seiner oder wenigstens doch womöglich neben ihm stehen wollen. Die Annonce ist in so vielen Fällen an sich Wettbewerb und provocirt weiteren Wettbewerb, wer sie wagt, muß die Zuversicht haben, daß er die Gunst des gesuchten Publikums auf offenen Streitfelde gegen seine Concurrenten gewinnen oder bewahren kann. Wohl dient sie auch als Posaune dem nichtsnutzigen Schreier, als Lockton dem Charlatan. Aber ebenfalls ruft sie doch eben auch die Controle auf den Plan, läßt sie den Abschluß der fraglichen Geschäfte wie auf öffentlichem, von Allen gleichzeitig beaufsichtigten Markte vor sich gehen und muß eben deßhalb auch die so wohlthätige Gleichmäßigkeit der Preise in den verschiedenen Verkaufsstellen fördern, oder vielmehr fast erzwingen. Die Annonce weckt aber auch den Consum wie die Produktion, giebt den bewegenden Anstoß zu Kauf und Verkauf!" (S. 51).

Diese, vor mehr als einhundert Jahren niedergelegte Erkenntnis hat für die Werbung in einer Wirtschaft des Wettbewerbs und in einer Gesellschaftsordnung der freien Meinungsbildung und -äußerung auch heute noch ihre volle Gültigkeit.

Unter solchen Bedingungen können sich Situationen ergeben, die für Werbungtreibende Anlaß sind, sich an die allgemeine Öffentlichkeit zu wenden. Solche situationsbedingten Äußerungen, die selten nur aus rein geschäftlichen Überlegungen zu erklären sind, die aber auch in einer allgemeinen gesellschaftlichen Verpflichtung keine hinreichende Erklärung finden, haben sich in der Inlands-Werbung, aber auch in der Exportwerbung feststellen lassen.

X. Der ethische Gehalt der Werbung

Der Ruf „Truth in Advertising", Wahrheit in der Werbung, ist seit jenen Jahrzehnten der hemmungslosen „Reclame" auch in Europa nicht mehr verstummt. Es sind gesetzgeberische Maßnahmen eingeleitet und durchgesetzt worden: In den USA haben die verschiedensten Organisationen der amerikanischen Wirtschaft, zusammen mit den zuständigen Bundesbehörden eine großartige Orientierungshilfe geschaffen; sie publizieren unter dem Titel „Do's and Don'ts in Advertising Copy" seit vielen Jahren eine großformatige Lose-Blatt Publikation, die monatliche Ergänzungen erfährt. In 10 einfachen „Regeln" sind die wichtigsten Richtlinien festgehalten worden (vgl. Abb. S. 81).

Der wesentlichste Rückhalt in diesen Fragen ist in Deutschland bisher das „Gesetz gegen den unlauteren Wettbewerb vom 7. Juni 1909" gewesen, mit seiner Generalklausel: „Wer im geschäftlichen Verkehre zu Zwecken des Wettbewerbs Handlungen vornimmt, die gegen die guten Sitten verstoßen, kann auf Unterlassung und Schadenersatz in Anspruch genommen werden."

Was in den §§ 3 und 4 über „Unerlaubte Werbung" und „Strafbare Werbung" gesagt wird, bezieht sich auf „. . . öffentliche Bekanntmachungen oder Mitteilungen über geschäftliche Verhältnisse, die für einen größeren Kreis von Personen bestimmt sind." Wer hierbei unrichtige Angaben macht „die geeignet sind, den Anschein eines besonders günstigen Angebots hervorzurufen, kann auf Unterlassung der unrichtigen Angaben in Anspruch genommen werden"!

Diesen doch sehr weit gezogenen Rahmen auszufüllen hat sich die Internationale Handelskammer in Paris in unzähligen Sitzungen von internationalen Arbeitsausschüssen bemüht, die schließlich zur Kodifikation und Verbindlichkeitserklärung von „Internationalen Verhaltensregeln für die Werbepraxis" geführt haben. Diese Verhaltensregeln haben die im Jahre 1955 in Tokio veröffentlichten „Internationalen Richtlinien für die Lauterkeit in der Werbung" entschei-

FAIR TRADE CODE
for
ADVERTISING AND SELLING*

1—Serve the public with honest values.

2—Tell the truth about what is offered.

3—Tell the truth in a forthright manner so its significance may be understood by the trusting as well as the analytical.

4—Tell customers what they want to know—what they have a right to know about what is offered so that they may buy wisely and obtain the maximum satisfaction from their purchases.

5—Be prepared and willing to make good as promised and without quibbling on any guarantee offered.

6—Be sure that the normal use of merchandise or services offered will not be hazardous to public health or life.

7—Reveal material facts, the deceptive concealment of which might cause consumers to be misled.

8—Advertise and sell merchandise or service on *its* merits and refrain from attacking your competitors or reflecting unfairly upon their products, services or methods of doing business.

9—If testimonials are used, use only those of competent witnesses who are sincere and honest in what they say about what you sell.

10—Avoid all tricky devices and schemes such as deceitful trade-in allowances, fictitious list prices, false and exaggerated comparative prices, bait advertising, misleading free offers, fake sales and similar practices which prey upon human ignorance and gullibility.

**as adopted by*
ASSOCIATION OF BETTER BUSINESS BUREAUS, INC.

dend ergänzt, und sie haben damit auch die Forderung nach bestimmten „Grundsätzen der Werbung" erfüllt. Diese „Internationalen Verhaltensregeln für die Werbung" sind von dem Präsidenten der Deutschen Gruppe der Internationalen Handelskammer Otto Wolff von Amerongen wie folgt charakterisiert worden: „Diese Verhaltensregeln sind das Minimum an Ethik, das beachtet werden sollte. Sie stellen moralische Richtlinien dar, die die staatliche Gesetzgebung auf dem Gebiete der Werbewirtschaft ergänzen sollen." Der Präsident des Zentralausschusses der Werbewirtschaft (ZAW), Dr. Wilhelm Tigges, hat in der Jahresversammlung des ZAW am 13. April 1967, in der die Gesamtheit aller Gruppen des deutschen Werbewesens den in diesen Richtlinien enthaltenen Grundsätzen ihre Zustimmung gab, erklärt: „Diese Richtlinien bewirken daher zugleich, daß sie auch dort, wo eine dem deutschen Rechtskreis entsprechende Entwicklung des Werberechts nicht vorhanden ist, einheitliche Grundmaßstäbe für die Wahrheit und Klarheit der Werbung einführen."

Auszug aus den „Internationalen Verhaltensregeln für die Werbepraxis (1966)":

> Diese Verhaltensregeln für die Werbepraxis wurden von der Internationalen Handelskammer aufgestellt, um das Verantwortungsbewußtsein aller mit der Werbung befaßten Kreise gegenüber dem Verbraucher und der Allgemeinheit zu fördern und etwaigem Mißbrauch der Werbung entgegenzutreten.
>
> Die Regeln enthalten Mindestanforderungen für die Lauterkeit in der Werbepraxis. Diese Anforderungen gelten unabhängig von der Art des Werbeträgers für jegliche Art der Werbung.
> Die Anwendung dieser Regeln wird auf nationaler Ebene von den Organisationen, die zu diesem Zweck geschaffen sind oder, falls erforderlich, auf internationaler Ebene von der „Internationalen Schiedsstelle der IHK für die Werbepraxis" überwacht.
> Aus den „Richtlinien für den Inhalt der Werbung" sei zitiert:

Werbung ist für den Güterabsatz lebenswichtig. Sie leistet dem Handel und der Volkswirtschaft wesentliche Dienste.
Der Werbung obliegt gegenüber dem Verbraucher und der Allgemeinheit eine soziale Verantwortung.
Unabhängig von der Art des Werbeträgers soll die Werbung gesetzmäßig, nicht anstößig, redlich und wahr sein.
Werbung soll den Grundsätzen des lauteren Wettbewerbs, wie sie im geschäftlichen Verkehr allgemein anerkannt und üblich sind, entsprechen.
Der Erfolg der Werbung ist vom öffentlichen Vertrauen abhängig. Alle Werbemaßnahmen sollen daher von dem Bestreben getragen sein, dieses Vertrauen zu mehren.

1. Die Werbung soll im Text und Bild nichts enthalten, was allgemein als anstößig gilt.
2. Die Werbung soll sich nicht die Leichtgläubigkeit oder den Mangel an Erfahrungen oder Kenntnissen des Verbrauchers zunutze machen.
3. Die Werbung soll nicht den Aberglauben ausnutzen. Die Werbung soll sich nicht ohne rechtfertigenden Grund Angstgefühle zunutze machen.
4. Die Werbung soll in Text und Bild nichts enthalten, was unmittelbar oder durch Andeutungen, Weglassungen oder Doppeldeutigkeiten geeignet ist, den Verbraucher irrezuführen. Die Werbung soll keine übertriebenen Behauptungen, die den Eindruck von Tatsachenbehauptungen erwecken, enthalten, wenn sie zur Irreführung geeignet sind.
   Eine irreführende Werbemaßnahme kann nicht dadurch gerechtfertigt werden, daß der Werbungtreibende oder der für ihn Handelnde den Verbraucher in der Folgezeit zutreffend unterrichtet.

Insbesondere:

a) Die Werbung soll nicht irreführen über:
   – die Eigenschaften des angebotenen Erzeugnisses, z. B.

seine Zusammensetzung oder Konstruktion, seine Nützlichkeit oder Verwendbarkeit, seine geschäftliche oder geographische Herkunft.

- den Preis oder Wert des Erzeugnisses oder die Kaufbedingungen.
- die mit dem Kauf zusammenhängenden Leistungen einschließlich Ablieferung, Umtausch, Rückgabe, Ausbesserung und Kundendienst.
- den Inhalt und den Wert der für das Erzeugnis gewährten Garantie; die Worte „Garantie" oder „Gewährleistung" oder Worte gleicher Bedeutung sollen nur verwendet werden, wenn die gesamten Garantiebedingungen und die dem Käufer zustehenden Gewährleistungsrechte in der Werbung angegeben werden oder dem Käufer am Ort des Verkaufs oder bei der Übergabe der Ware schriftlich zur Verfügung stehen.
- Das Vorhandensein eines dem angebotenen Erzeugnis gewährten Patent- oder sonstigen gewerblichen Rechtsschutzes oder das Vorhandensein von Medaillen, Preisen, Diplomen usw.

b) Die Werbung soll nicht irreführen über:
   - die Eigenschaften, den Preis, den Wert oder die Kaufbedingungen von Erzeugnissen der Wettbewerber und die zusätzlichen Leistungen, die mit dem Erwerb solcher Erzeugnisse verbunden sind.
   - die Glaubwürdigkeit der Angaben von Wettbewerbern.

c) Bei der Verwendung von wissenschaftlichen Begriffen, Statistiken, Zitaten aus der Fachliteratur und ähnlichem ist auf das Verständnis des durchschnittlichen Verbrauchers Rücksicht zu nehmen. Statistiken mit beschränktem Aussagewert sollen nicht den Anschein der Allgemeingültigkeit erwecken.

d) Werbung mit dem Hinweis darauf, daß der Kauf eines Erzeugnisses einen wohltätigen Zweck fördert, soll nicht über die

Höhe des für den wohltätigen Zweck verfügbaren Entgeltanteils irreführen.

5. Gutachten sollen echt sein, dürfen in Text oder Bild nicht zur Irreführung geeignet sein oder in einer zur Irreführung geeigneten Weise verwendet werden. Gutachten, die inhaltlich veraltet oder aus anderen Gründen nicht mehr trágbar sind, sollen nicht verwendet werden.
   Referenzen durch Bezugnahmen auf Personen, Unternehmen oder Organisationen sollen in der Werbung nicht ohne Erlaubnis verwendet werden. Bilder erkennbar abgebildeter Personen sollen in der Werbung nicht ohne Erlaubnis verwendet werden.
6. Die Werbung soll keine Bezugnahme auf andere Erzeugnisse oder Unternehmen enthalten, die geeignet ist, diese Erzeugnisse oder Unternehmen herabzusetzen.
7. Die Werbung soll den guten Ruf von Bezeichnungen und Kennzeichen anderer Unternehmen und ihrer Erzeugnisse sowie den durch einen Werbefeldzug erworbenen Ruf nicht als Vorspann für eigene wirtschaftliche Zwecke ausnutzen.
8. Jede Nachahmung werblicher Gestaltungen wie Illustrationen, Lay-Out, Text, Slogans oder Verpackung und Etiketten von Erzeugnissen, die durch Werbungtreibende in irgend einem Land verwendet werden, soll unterbleiben, wenn sie geeignet ist, Verwechslungen zu verursachen, oder wenn sie bestimmt ist, die geplante Verwendung dieser werblichen Gestaltungsmöglichkeiten im eigenen oder in einem anderen Land zu verhindern.
9. Alle Werbemaßnahmen, gleichgültig in welcher Form oder in welchem Werbeträger sie veröffentlicht werden, sollen als solche klar erkennbar sein; werden sie in Werbeträgern veröffentlicht, die gleichzeitig Nachrichten und Meinungen publizieren, sollen sie so gestaltet oder gekennzeichnet sein, daß der Verbraucher sie klar vom redaktionellen Teil unterscheiden kann.

10. In der Werbung sollen keine bildlichen Darstellungen verwendet werden, in denen gezeigt wird, daß übliche Sicherheitsmaßnahmen außer acht gelassen werden, und die deshalb Nachlässigkeit bei der Anwendung von Sicherheitsvorschriften fördern können. Dabei ist mit der Abbildung von Kindern besonders vorsichtig zu verfahren.
11. Werbung vor Kindern oder Heranwachsenden soll in Text oder Bild nichts enthalten, was geeignet ist, ihnen physischen, geistigen oder moralischen Schaden zuzufügen. Sie soll sich nicht die natürliche Leichtgläubigkeit der Kinder oder den Mangel an Erfahrung bei Heranwachsenden zunutze machen und nicht ihr Anhänglichkeitsgefühl ausnutzen.
12. Die Werbung soll nicht die Hoffnungen von Kranken oder von solchen Personen ausnutzen, die nicht in der Lage sind, den Wert von Werbemaßnahmen zu beurteilen, in denen Heilung von Krankheiten versprochen wird.

XI. Einige Charakteristika des Ausdrucks in der Werbung

Die Werbung, die wir anfänglich als ein Phänomen bezeichnet haben, hat im Verlaufe dieser Darstellung schon viel von ihrer Unbestimmtheit verloren; sie ist schon zu einem sehr rationalen Vorgang in unserer Gesellschaft geworden (WW, 263).

Mit der ersten Bemühung um Aufmerksamkeit verwandt ist jene Form der Werbung, die wir *einführende Werbung* nennen; sie bedient sich einer nicht unmittelbar zweckbestimmten Aussage. Viele Vorankündigungen, auch in den Bereichen der technischen Werbung, haben durchaus den Charakter einführender Hinweise.

Eine andere Form, die *behauptende Werbung*, ist wohl die bekannteste Form, die sich noch herleitet aus dem Zeitalter der „Reklame". In jenen Tagen nahm der Umworbene sogar kleinere oder größere Übertreibungen in Kauf. Da, wo die Behauptung den Beweis der

Richtigkeit offen in sich trägt, kann die behauptende Werbung auch heute noch Geltung haben; sie verliert aber mehr und mehr an Bedeutung, wie sich in den Beispielen für den Bereich der Wirtschaftswerbung noch zeigen wird.

In dem Resümee der Gedanken vor Karl Knies klingt schon eine andere Form der Werbung, die an Bedeutung nichts eingebüßt hat. Die *beschreibende Werbung* hat „sachliche Unterrichtung und Aufklärung zu geben, und sie hat durch objektive Beweisführungen die Aufmerksamkeit auf die Vorteile der Leistung zu lenken" (WW, 133). In dieser Konzeption hebt sie sich bereits deutlich ab von den beiden anderen Formen, aber sie läßt doch noch eine Steigerung zu.

Die *beweisende Werbung* beschränkt sich nicht nur auf eine berichtende Mitteilung oder eine darstellende Beschreibung, sondern versucht auch das, was in ihr zur Aussage kommt, zu begründen und zu beweisen. Die beweisende Werbung (reason-why advertising) ist diejenige Ausdrucksform der Werbung, der die entscheidende Stellung in der gegenwärtigen technischen Werbung zukommt.

Die beweisende Werbung ist nicht in Gegensatz zu setzen zu der sogenannten Suggestionswerbung. Wenn unter Suggestion die Ausübung einer Wirkung verstanden wird, dann ist die beweisende Werbung die Ausdrucksform für alle diejenigen Käufer oder Interessenten, die aus rationalen Gründen die Beschaffung eines Bedarfsgutes überlegen. Denn gerade durch die Zusammentragung von Beweisgründen für das betreffende Erzeugnis wird die stärkste Einwirkung auf diejenigen ausgeübt, an die sich die Werbung wendet.

Die Werbung ist ein Ausdrucksmittel hohen Ranges, und es ist sicher nicht vermessen zu sagen, daß auch die Wirtschaftswerbung ein gutes Stück Ausdruckskultur sein kann. Sie wird diese Bedeutung nicht immer, besonders nicht immer in der Form der einfachen behauptenden Werbung erlangen. Die gerade erörterten allgemeinen Grundsätze und Prinzipien der Werbung werden, wenn sie einmal umfassende Verwirklichung finden, der Werbung zu dieser Bedeutung verhelfen.

Die Ausdruckskraft der Werbung braucht nicht notwendigerweise nur im sprachlich-künstlerischen Ausdruck zu liegen. Wir finden oft Anzeigen in der industriellen Werbung, die den informativen Erfordernissen entsprechen, wie sie geschildert worden sind oder die in ihrer nüchternen und sachlichen Fassung ein hohes Maß von Ausdruckskraft besitzen, und zwar für denjenigen, an den sie sich wenden. Die Werbung muß, wenn sie sich an die Massen richtet, die Sprache der Massen sprechen, sie muß, wenn sie sich an Spezialisten richtet, in den Symbolen und Daten dieser Spezialisten reden und sie muß, wenn sie bildenden Künstlern eine Botschaft zu überbringen hat, in deren Welt eindringen und aus ihr heraus zu ihnen das Wort finden.

Die Konzeption über Merkmale des Ausdrucks in der Werbung, die erst vor 5 Jahren veröffentlicht wurde (WW, 269 ff.) erfordert heute schon eine entscheidende Korrektur und Erweiterung. Nach den jetzt hier erstmals veröffentlichten Bemühungen um die Ur-Formen der Werbung ist der bisherigen Gruppierung eine völlig neue Phase vorzuschalten. Hierzu zwingt uns vor allen Dingen die Entwicklung, die das Fernsehen genommen hat. Wir verfügen zur Zeit über folgende Formen des Ausdrucks in der Werbung:

I. Geste, Gebärde, Mimik und menschliche Stimme
II. Bild und Schrift der Werbebotschaft als Typographie
III. Wort als Text

Anderen Ur-Formen der Werbung müssen wir noch durch weitere Studien auf die Spur kommen. Die menschliche Stimme als Klang-Träger hat in der persönlichen Werbung immer schon eine große Bedeutung gehabt; heute aber, wo sie radioakustisch mit Hilfe von Satelliten die ganze Erde umkreist, ist sie zu einem geradezu überragenden Element geworden. Dieses Element erhält seine Bedeutung durch seine nahezu grenzenlose Reichweite und durch die Gleichzeitigkeit und Aktualität, mit der sie Ereignisse zu schildern vermag.

Der Abschnitt XII gibt bei seiner Bezugnahme auf das Plakat einige beachtenswerte Hinweise an die Komponisten der heutigen Werbetexte. Für die Bild-Redakteure ist im Göschen-Band 1232 noch einiges zu sagen, ebenso für diejenigen, die sich mit dem „Visualyzing" einer Werbebotschaft (als Sendung, Inserat, Plakat – oder auch als Packung! –), d. h. auch mit ihrem lay-out befassen.

Aus den bisher mit „Grundregeln" bezeichneten Komplexen ist ein Komplex herauszuheben:

*Vereinfachung und Verdichtung**

und den Charakteristika des Ausdrucks zuzurechnen (WW, 287).

Der Bericht, den Printers' Ink 1935 über einen der größten Journalisten der Welt, Arthur Brisbane, der jahrzentelang Chef der im Hearst-Konzern erscheinenden Zeitungen war, veröffentlicht hat, zeigt, worauf es bei der sprachlichen Verdichtung ankommt.

Dieser Bericht spricht zunächst von John Hopkins, dessen Buch jahrzehntelang als das Standardwerk in der Werbefachliteratur galt, und der „Einfachheit in Form und Worten" von den Textern forderte. Der Berichterstatter, J. M. Handley, sagt dann, daß er Arthur Brisbane einmal einen Leitartikel vorlegte, den dieser an Handley mit folgenden Worten zurückgab: „Ihr Leitartikel ist sehr gut; er ist hart in der Sprache, logisch, überzeugend und das Thema ist gut entwickelt; Ihre Schlußfolgerungen sind ausgezeichnet. Wenn unsere Zeitungen nur im reichen Westen gelesen würden (Handley saß aber in Chicago), dann würde ich kein Wort ändern. Aber unsere Auflagen werden an die breiten Massen verkauft. Schreiben Sie doch den Artikel neu und gebrauchen Sie nur einsilbige Wörter, kein Satz sollte mehr als zehn Worte haben, und jeder Satz müßte einen vollständigen Gedanken enthalten. Sonst aber halten Sie an der grundlegenden Idee des Leitartikels und an der logischen Entwicklung der Gedankenführung fest."

Man mag einwenden, daß diese Forderung leichter in der englischen Sprache zu realisieren ist als in der deutschen; aber eins ist sicher:

* Vgl. hierzu auch die Ausführungen in Kapitel XIII.

diese Anweisungen von Arthur Brisbane sind eine der wichtigsten und entscheidendsten Lehren für den Gebrauch der werbenden Sprache.

Die Forderung nach Verdichtung des Ausdrucks in der werbenden Sprache ist eine der dringlichsten Forderungen überhaupt. Diese Forderung wird in den vielen amerikanischen Fachbüchern, die sich mit guten und wirksamen Anzeigentexten beschäftigen, auch immer wiederholt.

Welches Gesetz könnte wohl für Illustrationen in Anzeigen oder auch für die Gestaltung von Werbemitteln allgemein gültig sein?
Die Antwort auf diese Frage gibt eine chinesische Anekdote von Hermann Pörzgen, die von einem reichen Chinesen berichtet, der sich von einem Künstler ein Wappen zeichnen ließ. „Zeichne mir einen Hahn für mein Wappen", lautete der Auftrag an den Künstler, den der Auftraggeber nach vielen Wochen, nach immer wiederholten Mahnungen und nach immer neuen An- und Teilzahlungen endlich einmal aufsuchte, um persönlich an die Ablieferung des Wappens, auf die er durch den Künstler immer wieder vertröstet worden war, zu erinnern. Der Künstler ließ durch seinen Diener ein Blatt weißes Papier bereitlegen, und er zeichnete mit wenigen Strichen das Wappen. Der Auftraggeber sah ein großes Kunstwerk entstehen; der Künstler schuf ein wahrhaftes Meisterwerk. Der reiche Chinese aber, ungehalten über die lange Wartezeit und die unerhört schnelle Ausführung, nachdem er nun persönlich erschienen war, fand dann Anlaß, in das Atelier des Künstlers zu gehen, und er sah alle Wände mit Entwürfen von Hähnen und mit immer neuen Versuchen über und über bedeckt. Die ersten Entwürfe zeigten den Hahn ganz naturgetreu, dann war immer mehr Unwesentliches weggelassen worden, und schließlich vereinfachten sich die Entwürfe so sehr, daß nur ganz wenige Striche einen Hahn noch sinnbildhaft andeuteten. „Der letzte Entwurf war fast so, wie der Maler das Kunstwerk mit knappen Strichen dann zu Papier gebracht hatte."

Jeder, der den visuellen und optischen Eindruck eines Werbemittels oder einer Werbung zu gestalten hat, sollte sich für seine Arbeit die strenge Selbstzucht jenes chinesischen Künstlers, der in immer neuen Übungen und Versuchen zu der letzten Vereinfachung durchgedrungen war, zur Richtschnur nehmen.

Abstraktion, Vereinfachung und Verdichtung im akustischen und im optischen Ausdruck der Werbung sind als Elemente der Gestaltung wohl am besten geeignet, die Voraussetzungen für einen Erfolg von Werbemaßnahmen zu schaffen.

XII. Die Mittel des Ausdrucks in der Werbung

Eine gliedernde Übersicht der Mittel der Werbung, die allgemeine Zustimmung gefunden hätte, gibt es noch nicht. Hier soll auch kein neuer Versuch dazu unternommen werden; denn den zwar optisch am besten wahrnehmbaren Mitteln der Werbung kommt nicht immer das größte Gewicht der Werbung zu. Die Mittel der Werbung sind erst das Ergebnis von Vorgängen und Überlegungen, Entscheidungen und Maßnahmen, die oft weit vor ihrem Sichtbarwerden liegen. (WW, 317)

1. Absatzwirtschaftliche Mittel der Werbung

Die früheste Zeit des Güteraustausches kennt nur wenige der Werbemittel, über die wir heute verfügen. Die Zeit des ersten Fernhandels kannte geschriebene Nachrichten, für die die Fugger-Zeitungen ein klassisches Beispiel sind. Die Handwerkszeichen des Altertums und des Mittelalters haben etwas von dem Charakter des heutigen Plakatwesens und der Außenwerbung.

Aber was allen Zeiten und allen Perioden des Austausches von Waren gemeinsam ist, das ist das persönliche Angebot der Waren, die zum Austausch bereitgestellt sind. Dazu diente das gesprochene Wort.

Dieses persönliche Angebot von Waren wird aber nicht selten bei der Betrachtung von Problemen und Mitteln der Werbung unerwähnt gelassen, obwohl das gesprochene Wort auch heute noch als das wichtigste und oft sogar als das entscheidende Mittel der Absatzwerbung anzusehen ist.

In der industriellen Absatzwirtschaft liegt das Schwergewicht des persönlichen Angebots von Waren bei der Reisenden- und Vertreterorganisation. Hier haben sich im Laufe der Zeit auch bemerkenswerte Sonderformen herausgebildet; über die in Bd. 1232 noch zu sprechen sein wird.

2. Anzeigen

Die Anzeige für Waren oder Dienstleistungen in periodisch erscheinenden Druckschriften ist Gegenstand vieler Untersuchungen, besonders in der Zeitungswissenschaft und ganz besonders in den USA gewesen. Ihre wesentlichsten Merkmale sind hinreichend charakterisiert und definiert worden. Als Mittel der Wirtschaftswerbung hat aber die Anzeige gegenüber vielen anderen Werbemitteln, mit denen sie ja in einem scharfen und durchaus natürlichen Wettbewerb steht, viele Vorzüge. Diese Vorzüge werden nicht geschmälert, wenn die Periodika in längeren Zeitabschnitten (Zeitschriften) oder in kürzeren Zeitabschnitten (Zeitungen) erscheinen und wenn die Fernsehwerbung „aktueller" sein kann.

Für die Werbungtreibenden erhebt sich immer wieder die Frage, ob ihre Anzeigen auch gelesen werden; würden sie nicht gelesen werden, dann wären sie wertlos.

Die Anzeige ist als die Königin der Werbemittel bezeichnet worden. Die Zuerkennung eines so hohen Ranges verpflichtet diejenigen, die den Raum für die Anzeigen zur Verfügung stellen, sie verpflichtet auch diejenigen, die diesen Raum „gestalten", und sie verpflichtet diejenigen, die die Waren und Dienstleistungen bereitstellen, die durch die Anzeigen dem Markt zugeführt werden.

Aus der Untersuchung „Über die Werbung als Mittel des Wettbewerbs und der Auslese" (Vgl. „Wesen und Formen der Werbung", 1. Aufl., S. 203 ff.), die sich ja ausschließlich auf die Anzeigenwerbung eines

Jahrhunderts stützt, geht hervor, daß derjenige, der sich an der Anzeigenwerbung versucht, einen langen Atem haben muß.

Hierunter ist aber nicht in erster Linie „viel Geld" zu verstehen, sondern es muß eine fast unerschöpfliche geistige Substanz und es muß ein fast nicht auszuschöpfendes Reservoir von Beweisen für wirklich vorhandene Eigenschaften erschlossen werden, die auch zu überzeugen vermögen.

Eine Liste der durch Anzeigen im Laufe eines Jahrhunderts angebotenen Erzeugnisse menschlichen Erfinder- und Schöpfergeistes beweist, daß gerade die Anzeige mit ihrem ungeheuren Wirkungswert und -bereich das Scheidewasser sein kann, das wir im wirtschaftlichen Wettbewerb nun einmal nötig haben, um der besseren Leistung zum Durchbruch zu verhelfen. Nur Narren könnten glauben, hier könne durch Planung oder Lenkung mehr zu erreichen sein; hier hilft nur die Heranführung an die breiteste Öffentlichkeit und an die schärfste Kritik. Der beste Weg hierzu aber ist die Werbung.

3. Außenwerbung

Es ist ein weiter Weg von jener Wand im alten Pompeji, von der der Maler Ämilius Celer sagte, daß er sie allein beim Mondschein mit der Botschaft an die Besucher des Stadions bemalt habe* bis zu jener

* Walter v. Zur Westen, Reklamekunst aus zwei Jahrtausenden, Berlin 1925, S. 22 ff.: „So müssen wir Mazois dankbar sein, daß er uns in seinem monumentalen Werke ‚Les ruines de Pompéi' – 1820 bis 1832 – das Album wie einzelne seiner Aufschriften in vortrefflichen Abbildungen erhalten hat. Sie beweisen sowohl, daß diese Vorläufer der modernen Anschlagtafeln elegant und geschmackvoll dekoriert waren, als auch, daß die antiken Schriftmaler selbst in dieser nicht eben bedeutenden Provinzialstadt sich auf eine zweckentsprechende und charaktervolle Reklameschrift verstanden. . . . Hatten die Bekanntmachungen ihren Zweck erfüllt, so wurden sie vom Dealbator mit weißer Farbe überstrichen und dann mit neuen Mitteilungen bemalt. Natürlich besorgten dies Geschäft regelmäßig gewerbsmäßige Schriftmaler. Einer . . . war sich seines Wertes bewußt, signierte seine Arbeiten gelegentlich sogar und schrieb unter die von ihm hergestellte

Wolkenkratzer-Wand mit tausend und aber tausend farbigen Glühbirnen, die Hunderttausende Dollars im Jahr an Miete verschlingt; – es ist ein sehr weiter Weg von den klassischen Beispielen der internationalen Plakatkunst, über die Jean Louis Sponsel in seinem unvergleichlichen Werk „Das moderne Plakat" (Dresden, 1897, 316 Seiten) berichtet, bis zu jenen schäbigen Vervielfältigungen rohester Druckerarbeit, die nicht im entferntesten die großartigen Möglichkeiten des Außenanschlages ahnen lassen.

In den Jahren nach dem Zusammenbruch 1945, als wir noch keine Zeitungen hatten, hat der Außenanschlag als einziges Mittel der Bekanntmachung und oft als einziges Mittel des Warenaustausches gedient. Aus diesen vielfach handgeschriebenen Angeboten, Tauschgesuchen, Suchanzeigen usw. geht als Beispiel der allerjüngsten Zeit hervor, daß der Außenanschlag eines der wichtigsten Werbemittel überhaupt ist.

Aufgabe der Werbungtreibenden und auch Aufgabe der Werbeschaffenden ist es aber, stilbildend zu wirken! Es ist nicht zu bezweifeln, daß wir zu einem werbewirksamen Plakatstil kommen werden, wenn wir den gestaltenden Künstlern die flächigen Möglichkeiten geben, deren sie für eine schöpferische Arbeit bedürfen. Diese Werbeform erfordert mehr noch als die Anzeige, daß die Werbebotschaft textlich und bildlich ‚verdichtet' und vereinfacht wird. Nur dann, wenn diese technischen Grundregeln beachtet werden, ist zu erwarten, daß wir auch im Außenanschlag eine Renaissance erleben werden, die die Werbungtreibenden von dem hohen Wert dieses Werbemittels überzeugt.

Anzeige eines Gladiatorenkampfes die stolzen Worte: Scr. Ämilius Celer singulus ad lunam – Ämilius Celer schrieb dies allein beim Mondschein. Wie Ippel, der neueste Schilderer Pompejis meint, sollte damit zum Ausdruck gebracht werden, daß Celer ohne einen Dealbator, der die weiße Tünche auftrug, und ohne einen Laternenträger, der ihm leuchtete, gearbeitet habe."

4. Druckschriften und Kataloge

Während die Anzeige und der Außenanschlag, stark verdichtet und konzentriert, für eine zeitlich begrenzte Dauer wirken (wobei der Daueranschlag natürlich auszunehmen ist!) haben Druckschriften und Kataloge die Aufgabe, in die Breite und Tiefe gehend, diese Werbemittel zu unterstützen oder mit den absatzwirtschaftlichen Werbemitteln zum Einsatz zu kommen.

In einer genau gezielten Streuung und in der ausführlichen Unterrichtung liegt ein wesentliches Charakteristikum dieser Werbemittel.

Auch an vielen unserer Hochschulen bestehen Leseräume für Firmenliteratur, die sorgfältig ergänzt werden, weil diese Druckschriften schneller über den technischen Fortschritt unterrichten als Lehrbücher.

In der technisch-industriellen Werbung dienen Kataloge auch in weitem Maße zur Ergänzung schriftlicher Angebote oder als umfassendes Mittel der Anleitung und Unterrichtung.

Bemerkenswert ist, daß diese Firmenliteratur nicht nur in der industriellen Absatzwirtschaft, sondern auch in der wissenschaftlichen Forschung große Bedeutung erlangt hat. Darum ist es verständlich, daß sich bereits viele Veröffentlichungen mit der Gestaltung und dem Aufbau von Katalogen befassen.

Hier sind auch Lehrtafeln und ähnliches Instruktionsmaterial zu nennen, das in Werkstätten stets sichtbar aufgehängt wird. Diese Druckschriften haben zwar keine Buchform, sie dienen aber der ständigen Unterrichtung.

5. Ausstellungen, Messen, Aufbauten, Schaufenster

Jener Markt in Brügge oder an der Donau aus den Zeiten des ersten Fernhandels kann nicht mit einer technischen Messe oder Ausstellung, wie z. B. der Internationalen Automobilausstellung oder der Europäischen Werkzeugmaschinenausstellung verglichen werden, und das moderne Schaufenster eines großen Warenhauses hat nicht mehr viel gemein mit den Kellergewölben alter Städte, in denen vor Jahrhunderten die Erzeugnisse handwerklicher Arbeit feilgeboten wurden.

Allen diesen Veranstaltungen jedoch ist gemeinsam, daß in ihnen Waren gezeigt und zur Schau gestellt werden, und zwar gleichzeitig zusammen mit den Waren des Wettbewerbs. Genau so, wie sich aber im Schaufenster der Läden eine Spezialisierung mit ganz festen Grenzziehungen schon lange abzeichnet, genau so zeichnet sich auch innerhalb der großen Ausstellungen und Messen mehr und mehr eine Spezialisierung ab. Hier bleibe unerörtert, ob sich wegen der Unübersehbarkeit des vielseitigen Angebots die großen Technischen Messen auch einmal in Spezialmessen auflösen werden; Anzeichen dafür sind schon sichtbar.

6. Diapositive, Tonbildschauen, Film, Rundfunk, Fernsehen

Ähnlich umstürzende Entwicklungen, wie sie innerhalb der bisher skizzierten Hauptgruppen der Werbemittel aufgezeigt worden sind, haben sich in der lichtoptischen und in der akustischen Werbung vollzogen. Auch hier ist die Entwicklung so verlaufen, wie z. B. bei der Anzeige oder im Plakatwesen; es mußten zunächst die rein technisch-mechanischen Voraussetzungen vorhanden sein, ehe sich die Werbung dieser Möglichkeiten bedienen konnte.

Erst nach der Erfindung der Buchdruckerkunst konnten Anzeige und Plakat zu Mitteln der Massenwerbung werden. Und erst nach der Erfindung der Laterna magica (der magischen Zauberlaterne!) und der Schallplatte ließen sich Möglichkeiten wie das Stehbild in der Werbung (Diapositiv) und der Werbefilm entwickeln. Die Weiterentwicklung vom Stummfilm bis zum Tonfilm, vom einfachen Schwarz-Weiß-Film bis zum Farbfilm ist genauso revolutionierend gewesen.

Diesen Mitteln der Werbung ist aber noch charakteristisch, daß sie nicht dorthin gestreut werden, wo die Menschen leben, sondern daß die Menschen erst dorthin gehen müssen, wo diese Werbung ihrer wartet. Um die Menschen aber dorthin zu bekommen, müssen irgendwelche Haupthandlungen (Spielfilme oder sonstige Darbietungen) vorgespannt oder – wie in der Regel – zum Hauptanziehungspunkt gemacht werden.

Das Aufkommen der Rundfunk- und Fernsehsendungen hat erst die Möglichkeit geschaffen, die akustische Werbung dorthin zu tragen, wo die Menschen leben, d. h. in die Wohnungen, und die grandiose Ergänzung des Rundfunks durch das Fernsehen, ja durch das Farb-Fernsehen, ist so gewaltig, daß man versucht ist, hier den letzten Gipfel des Erreichbaren zu sehen.

Auch hier bleibe unerörtert, ob wir persönlich die eine oder andere Ausdrucksform der Werbung begrüßen oder ablehnen. Welche Bedeutung haben nicht die Lautsprecherwagen für einzelne Wirtschaftszweige gehabt! Das ist festzustellen, obwohl die Beschränkung ihres Aktionsradius durch Gesetzesvorschriften eher begrüßt als abgelehnt wird.

Ferner bleibe dahingestellt, ob die sich immer mehr massierende Werbung auf die eine oder andere Weise zu rechtfertigen ist; es ist ja Aufgabe derjenigen, die die Werbung gestalten, auch hier sich innerhalb eines oft recht großen und konkurrierenden Konzerts Geltung und Gehör zu verschaffen. Diese Wirkung zu erreichen, ist die Aufgabe schlechthin.

7. Gegenstände geringen Wertes

Freundschaften sollten nicht durch jene „kleinen Geschenke", sondern durch echte Leistungen erworben und erhalten werden – durch Leistungen, deren Vorzüge unter Beweis zu stellen sind, und auf die die Aufmerksamkeit mit Fug und Recht gelenkt werden darf.

Aber auf dem „kleinen Geschenk" hat sich ein großes Angebot aufgebaut; es werden Kalender und Lederwaren, Zündholzbriefchen und Füllhalter, Notizblocks und Taschenmesser oder -scheren geliefert. Dieses Bedarfs der werbungtreibenden Wirtschaft nehmen sich buchstäblich ganze Industrien an.

Die hier gezogene Grenze wird nur zu häufig nach zwei Seiten überschritten: Es werden nicht nur Gegenstände „geringen" Wertes verschenkt, und gerade diese Gegenstände haben keinerlei Merkmale, daß sie Werbegeschenke sind.

Jene Form der Werbung hat einen bemerkenswerten Nachteil: Ihre Streuverluste sind außerordentlich hoch, weil in sehr vielen Fällen die ersten Empfänger dieser Geschenke sie nur annehmen, um sie weiterzugeben. Diese Streuverluste sind aber ein vollständiger (hundertprozentiger) Verlust, wenn diese Gegenstände geringen (oder größeren) Wertes nicht mit Herkunftskennzeichnungen oder Markierungen versehen sind.

XIII. Vom „Lobhudel" in der „Reclame" bis zur offenen Selbstanzeige durch eine verdichtete Sprache

Umfangreiche dogmengeschichtliche, etymologische und kulturhistorische Studien haben in meiner „Wirtschaftswerbung" (Seiten 47 bis 98 und 111 bis 129) ihren Niederschlag gefunden. Hier soll nur überprüft werden, ob die dort mit vielen Quellenauszügen belegten Ergebnisse für die Werbung in unserer Gegenwart eine Bedeutung haben.

Unter „Reclame" verstand man damals die marktschreierische Anpreisung, das selbstverfaßte und auch selbst bezahlte eigene Lob, die „Lobhudelei", die allerdings unter der Vorgabe auftrat, daß sie von einem Dritten stamme. Die Werbung für Bücher, die sich später noch der Form der „Colportage" bediente, hat jene Vorstellung von der „Reclame" als einer vom Interessenten selbst bezahlten, versteckten, nicht erkennbaren und angeblich von dritter Seite stammenden „Selbstbelobigung" entwickelt. Im Verlaufe der Zeit wird dieser Begriff der „Reclame" auch mit dem Angebot von Waren in Verbindung gebracht. Man empfand es als nachahmenswert, daß sich amerikanische Kaufleute und Fabrikanten auf das „Aufpuffen" ihrer Waren verstanden.

Erst um 1842 dringt der so in Frankreich entstandene Begriff nach Deutschland ein; er wird in kurzer Zeit unentbehrlich; er wird bald schon nicht mehr von den Zeitungsanpreisungen allein gebraucht, sondern dient überhaupt als Ausdruck für allerlei Versuche, die allgemeine Aufmerksamkeit zu erregen, sei es durch Wort, Schrift oder Bild. 1869 war im deutschen Sprachraum die Bezeichnung „Reclame" für die betreffende wirtschaftliche Erscheinung bereits endgültig bodenständig geworden.

Unter den Klassikern der Volkswirtschaftslehre setzten sich dann auch Erkenntnisse durch wie diese: „In der Tendenz zur Massenproduktion und Großindustrie liegt es, daß man den Markt erobern, die Menschen über die Vorzüge der eigenen Erzeugnisse aufklären muß" (Gustav *Schmoller*) und daß „die Bestrebungen der Produzenten bemerkbar seien, in direkte Verbindung mit dem Konsumenten zu treten" (Eugen *von Philippovich*) „durch Aussenden von Preislisten, durch Inserieren in den Zeitungen, durch Aufsuchen der Kunden, durch Detailreisende und Detailagenten." Philippovich spricht von der auffallenden Reklame, von dem großen Entgegenkommen gegen Bequemlichkeitsbedürfnisse des Publikums, um schließlich zu sagen, daß grelle und auffallende Reklame, selbst Marktschreierei, deren Übertreibungen dem Verständigen erkenntlich sind, noch nicht unlauterer Wettbewerb seien.

Diese neu aufkommende Erscheinung ist von keinem geringeren wie Karl *Bücher* beobachtet und geschildert worden: „Die betonten Ausschreitungen der Reclame, ihre Dreistigkeit, ihr lärmendes Treiben bringen sie leicht in Mißkredit und lassen wünschen, ohne sie auskommen zu können. Aber sie ist unzertrennlich mit dem Wirtschaftssystem verbunden, dem sie entwachsen ist, und muß mit ihm ertragen werden. Jedenfalls ziemt es der Wissenschaft, sie zu begreifen, ehe man sie tadelt und über ihre Mängel ihre Vorzüge nicht zu übersehen."

Selbst ein so bedeutender Gelehrter wie Werner *Sombart* hat dieser von ihm so scharf gegeißelten Erscheinung zugestanden, daß sie zu einer Verbilligung der Waren beitrage, daß sie dem Konsumenten die besten Waren zuführe und daß sie für die Erhaltung der verkehrswirtschaftlichen Wirtschaftsorganisation unentbehrlich ist.

Neben den zahlreichen Äußerungen über die Reklame in der volkswirtschaftlichen Fachliteratur lassen sich auch solche in der schon früh aufkommenden Werbe-Fachliteratur feststellen, für die die beiden Werke von Heinrich *Wuttke* „Die deutschen Zeitschriften und die Entstehung der öffentlichen Meinung" (1866) und von J. H. *Wehle* „Die Reclame" (1880) wohl als wichtige Beispiele genannt werden können. Ferdinand *Avenarius* hat im Januar 1909 eine Flugschrift des Dürer-Bundes unter dem Titel „Reclame und Kultur" herausgebracht, in der er das ganze Phänomen, das um die Jahrhundertwende die öffentliche Diskussion beherrschte, sehr stark unter dem Gesichtspunkt der Kultur und Kunst analysiert, und in der er zu folgenden Ergebnissen kommt: „Wollen wir mit unseren Worten und Handlungen nicht Seifenblasen schaffen, sondern was hält, auch wenn es sich an der Härte der Dinge stößt, so müssen wir uns bewußt halten, daß unsere Industrie und unser Handel, daß aber andererseits auch unsere Presse ein reich entwickeltes Ankündigungswesen brauchen. Also muß zugegeben und bedacht werden, ob es uns angenehm ist oder nicht: daß eine Menge von neuen Erzeugnissen und Erfindungen, auch guter und bester Art, den Weg zum Konsumenten heute nicht finden können, ohne zu annoncieren. Ankündigung braucht freilich noch keine üble Reklame zu sein. Es ist wahr, keine Tageszeitung, die den heutigen Ansprüchen genügt, keine Zeitschrift, die Bilder im Text oder gar Kunstbeilagen bringt, könnte ohne Anzeigenteile bieten, was sie bietet."

Viele Fach-Publikationen der damaligen Zeit haben die geschichtliche Entwicklung „vom Altertum bis zur Gegenwart" untersucht; sehr viele Publikationen haben sich mit einzelnen Werbemitteln, vor allem mit dem Plakat befaßt. Hier ist nochmal das berühmte Werk von Louis *Sponsel*, „Das moderne Plakat" (Dresden, 1897) zu nennen.

Die fachlichen (teils recht unsystematisch geführten) Diskussionen, zu einer brauchbaren Definition für das Phänomen „Werbung" zu kommen, können hier unerörtert bleiben.

Wichtig ist jedoch ein Hinweis darauf, daß in der frühen Fachliteratur sehr oft und mit Nachdruck gefordert worden ist, dem Grundsatz der Wahrhaftigkeit in der Werbung zum Durchbruch zu verhelfen. Der weite Weg, der hier mit wenigen Strichen nachgezeichnet worden ist, führte vom versteckten und kaschierten, selbst bezahlten Lobhudel, zum offenen, klaren Bekenntnis und zur eigenen Ankündigung. Parallel damit ging ein Wandel in der öffentlichen Meinung: Heute wird eine eigene, versteckte und kaschierte „Lobschreibe" bedingungslos abgelehnt; die bezahlte und offen deklarierte Anzeige ist zur Regel geworden.

Welche Entwicklung hat sich vollzogen im Bereich des wichtigsten Mediums des werblichen Ausdrucks, im Bereich der Sprache? Die Verdienste der Brüder *Grimm* und derer, die ihr Werk verwalten, sind sehr groß; der Verdienste von Wilhelm *von Humboldt* muß gedacht werden, wenn man Überlegungen anstellt über die Sprache in der Werbung. Aber die Einflüsse, die durch Martin *Heidegger* und Karl Friedrich *von Weizsäcker* auf die Entwicklung der Sprache der Werbung ausgeübt worden sind, müssen als sehr bedeutend bezeichnet werden. Auch die Einflüsse durch *Karl Krauss* und *Wolfgang Kayser* müssen ebenso erwähnt werden, wie die außerordentlichen Befruchtungen der modernen sprachlichen Ausdruckskunst in der Werbung durch den Physiker Werner *Heisenberg.*

Vielleicht ist *das* Medium in der Werbung von dieser Entwicklung am stärksten berührt, das durch eine sehr ‚verdichtete' Sprache geradezu erst lebt: Das Plakat.

Jean Louis Sponsel sieht die Schrift, d. h. die Sprache als einen Fremdkörper im Plakat an, weil ihm das Plakat als „Kunstwerk" vorschwebte.

In den 70 Jahren, die seit dem Erscheinen des Buches von Jean Louis Sponsel verflossen sind, hat sich nun eine konzentrierte Zusammenraffung aller Erscheinungsformen, wenn sie zu einer visuellen Präsentation gebracht werden sollen, vollzogen.

Diese abstrahierende Reduktion des grafischen und auch des sprachlichen Inhaltes eines Plakates, die sich im Laufe der Jahrzehnte immer weiter verdichtete, hat sich besonders unter dem Einfluß unserer modernen Technik, die immer neue Abkürzungen und Formeln in die Welt schleudert, mehr und mehr verstärkt, und sie hat ihr Tempo auch noch beschleunigt.

Zu den Problemen, die mit „Sprache und Wirklichkeit in der modernen Physik" zusammenhängen, hat sich Werner Heisenberg geäußert, als er sagte, daß sich „unsere natürliche Sprache aus dem Umgang mit der sinnlich erfahrbaren Welt gebildet hat, daß aber die moderne Naturwissenschaft . . . in Gebiete der Welt eingedrungen ist, die unseren Sinnen verschlossen sind", und daß wir in der Naturwissenschaft versuchen müssen, diese „verschiedenartigen Erscheinungen" . . . „dadurch zu verstehen, daß wir sie auf einfache Prinzipien zurückführen". „Wir verschärfen daher die natürliche Sprache, indem wir den für den betreffenden Erfahrungsbereich grundlegenden Begriffen mathematische Symbole zuordnen." „Damit verlassen wir nicht nur den unmittelbar sinnlich erfahrbaren Bereich, wir verlassen auch den Raum, in dem sich unsere gewöhnliche Sprache gebildet hat und für den sie brauchbar ist. Wir sind daher gezwungen, eine neue Sprache zu lernen, die der gewöhnlichen Sprache an vielen Stellen sehr fremd ist. Eine neue Sprache bedeutet auch eine neue Art zu denken."

Werner Heisenberg* hat zum Thema „Die Abstraktion in der modernen Naturwissenschaft" und damit zu dem Begriff der abstrahierenden Verdichtung folgendes gesagt: „Abstraktion bedeutet in den

* Werner Heisenberg, Sprache und Wirklichkeit in der modernen Physik. In: Wort und Wirklichkeit, München 1960, S. 32 ff.

Naturwissenschaften, einen Gegenstand unter einem Gesichtspunkt (Merkmal) unter Absehung von allen anderen Eigenschaften zu betrachten."

In der bildenden Kunst, in der Musik, in vielen Werken unserer modernen Literatur, in großen Bereichen der Physik und in der chemischen und technischen Wissenschaft sind die stärksten Tendenzen des Ausdrucks auf eine abstrahierende Verdichtung des Darzustellenden gerichtet.

Auch die Sprache, die Element des Ausdrucks in unseren Werbemitteln ist, kann im Rhythmus mit diesen starken Tendenzen unserer Zeit nur den Charakter einer Signatur oder einer Aufschrift haben. Die Forderung aber, die wir an diese Aphorismen und Epigramme zu richten haben, heißt, wahr zu sein; das oberste Gesetz, dem sie sich zu unterwerfen haben, ist das Gesetz der Wahrheit. Es läßt sich sagen, daß der Stil der Sprache im Plakat unserer Zeit ein aphoristischer Stil, ein epigrammatischer Stil, ein Stil der reduzierten Verdichtung zu sein hat.

Für den Klang der Worte durch Höhen und Tiefen, für den Rhythmus und den lebendigen Fluß der Sprache mit Pausen und Akzenten, für das Tempo und das Zeitmaß der Sätze läßt uns unsere schnell und dynamisch lebende Zeit kaum noch eine Atempause, wenn wir ein Plakat unserer Tage betrachten. Das, was Jean Louis Sponsel schon vor 70 Jahren im und am Plakat gestört hat, hat heute darin keinen Platz mehr. Bewußt ausgenommen seien jene Plakate, die nur die Aufgabe eines (vergrößerten) Inserates zu erfüllen haben, z. B. Theater- und Kino-Plakate, auf denen Daten zu lesen sein müssen, wie Tag und Uhrzeit der Aufführung, Preis und Name des Theaters. Diese Plakate sind nur auf eine Wirkung aus nächster Nähe gerichtet.

Das Plakat aber in unserer modernen Welt, in der der Stadtverkehr der Autos sich in einem schnelleren Tempo vollzieht als um die Jahrhundertwende noch bei Schnellzügen, – dieses auf weitere Entfernung wirkende Plakat hat für Sätze und zusammenhängende Darlegungen keinen Raum mehr.

In dem Plakat unserer Zeit ist nur noch Raum für wenige Worte, nur noch für das einzelne Wort. Das einzelne Wort ist hier ein Element im Prozeß der Kommunikation geworden.

Wir müssen den Inhalt unserer Mitteilung, den Informationsgehalt einer zu gebenden Nachricht, die Substanz der zu übermittelnden Unterrichtung sekundenschnell und blitzartig aufnehmen können. Danach muß das Wort im Plakat geprägt sein.

Mit dieser Forderung stellt sich jetzt die Frage nach der Wortqualität und nach der Wortfunktion.

Das einzelne Wort im Prozeß der Kommunikation hat schon viele Beurteilungen erfahren. Das Urteil des Konfuzius bedarf kaum einer Bestätigung durch uns: „Ein Mann wird oft eines Wortes wegen als weise angesehen, aber er wird auch oft eines Wortes wegen für einen Narren gehalten. Wir sollten in der Tat daher vorsichtig mit dem sein, was wir sagen."

Da das Wort im Plakat aber ein Element der Kommunikation zu sein hat, müssen wir, die wir an solchen Prozessen der Kommunikation mitzuwirken haben, uns über die Bedeutung des Wortes klarwerden. Hierzu nur zwei Urteile aus dem Erfahrungsschatz der Jahrhunderte. Konfuzius sagt: „Ohne die Macht des Wortes zu kennen, ist es unmöglich, die Menschen zu kennen." Disraeli drückt sich pragmatischer, aber genau so klar aus, indem er sagt: „Mit Worten beherrschen wir die Menschen."

Wie aber vollzieht sich dieser soziale Prozeß des Beherrschens von Menschen? Der Franzose La Bruyère hat einmal gesagt: „Die größten Dinge gewinnen dadurch, daß sie einfach dargestellt werden; durch die Betonungen verdirbt man sie. Aber man sollte kleine Dinge gewählt formuliert sagen, denn sie werden durch den Ausdruck, den Ton und die Art hervorgehoben."

Die Wortqualität wird durch einen Satz charakterisiert, der dem Philosophen Aristophanes zugeschrieben wird: „Durch Worte wird der Verstand erregt und der Geist erhoben." Aber nach einem Wort von Racine erleben wir nicht selten, daß „oft ein großer Plan durch ein einziges Wort zerstört" wird, und John Locke sagt: „Wenn Worte nur als Zeichen unserer Ideen und nicht als die Dinge selbst aufgenommen würden, dann würden wir in der Welt weniger Dispute haben."

Die Wortfunktion muß die Wandelbarkeit des Wortes berücksichtigen. Der Richter am Obersten Gericht der USA, Justice O. W. Holmes, hat diesen ungemein wichtigen Tatbestand in einer seiner Entscheidungen wie folgt umschrieben: „Ein Wort ist kein Kristall, der durchsichtig und unveränderlich ist; es ist die Hülle eines lebendigen Gedankens, und es kann sich nach Farbe und Inhalt, je nach den Umständen und nach der Zeit, zu der es benutzt wird, sehr verändern."

Bei der Suche nach der Bedeutung von Wortqualität und Wortfunktion haben uns diese Urteile aus der Geschichte einen großen Dienst erwiesen; wir brauchen nicht mit eigenen Worten das auszudrücken, was uns tagtäglich begegnet. Aber selbst ein so modern anmutendes Phänomen, wie das der Abstraktion und der abstrahierenden Verdichtung in allen Bereichen menschlicher Ausdruckskultur, finden wir schon in den Gedanken, die frühere Geschlechter bewegt haben. Kein geringerer als William Shakespeare hat dem Ausdruck verliehen, wenn er in seinem Heinrich V. sagt: „Männer von wenigen Worten sind die besten Männer" oder noch präziser formuliert, in „Wie es Euch gefällt", in einer Fassung, als sei sie an die Plakatgestalter der Gegenwart gerichtet: „Antworte mit einem Wort!"

Die Forderungen nach Verdichtung müssen in vollem Umfange erfüllt werden, wenn eine gegenteilige Wirkung vermieden werden soll.

Und dennoch ist diese Forderung nach Reduktion, nach Abstraktion und nach Verdichtung sogar bis zu einem einzigen Wort im Plakat nicht aufrechtzuhalten, wenn nicht eine Voraussetzung erfüllt wird:

Diese konzentrierte Aussage kann und darf nicht in ein Vakuum stoßen, sie kann und darf nicht in eine Öffentlichkeit kommen, die unwissend ist.

Damit das Wort als kommunikatives Element im Plakat auch wirken kann, muß dafür der Nährboden bereitet werden; ein dauernder Prozeß des „Werbens", der Unterrichtung, der Kommunikation, hat in ständigem Austausch diejenigen, an die wir unsere Botschaft richten oder die wir durch das Plakat ansprechen wollen, darüber zu informieren,

- welchen technischen Fortschritt bestimmte Erzeugnisse erreichten;
- welchen Prozeß der Weiterentwicklung wir erlebt haben;
- welche Nahrungsmittel bereitgestellt werden;
- wo in der Welt Menschen hungern und wo Hilfe nottut.

Wenn das einzelne Wort seine kommunikative Funktion im Plakat wirklich erfüllen soll, dann sind für Produkte oder Dienstleistungen vorher und gleichzeitig umfassende Aufgaben der Wirtschaftswerbung zu erfüllen. Handelt es sich aber um politische, humanitäre, gemeinnützige oder religiöse Ideen, dann müssen in gleichem Maße Aufgaben der Public Relations oder der Propaganda erfüllt werden, um dem einzelnen Wort das echte Fundament seiner Wirkung zu geben.

XIV. Ausblicke:

In diesem Band sollte der Leser zunächst mit wichtigen Grundbegriffen und Grundproblemen aus dem Bereich der Werbung bekanntgemacht werden. Es kam darauf an (aus dem alle Formen der Werbung umfassenden Begriff der Äußerung) eine nicht zu enge Definition zu entwickeln, die sich auf die wichtigsten Wirkungsbereiche der Werbung anwenden läßt.

Dann ging es darum, die Werbung als einen sozialen Prozeß sehen zu lernen, dem je nach den bewegenden Motivationen die unterschiedlichsten Ziele gesetzt sein können.

Nach einer kurzen Aufblende aller bisher erfaßten Funktionen für alle Wirkungsbereiche und auch für den Gesamtbereich der Werbung sind die vier „Elementar-Funktionen" behandelt worden.

Eine noch in diese Grundlegung gehörende kurze Charakteristik von weiteren Facetten dieses Phänomens leitet über zu einem Doppel-Bändchen dieser Reihe, zu dem wohl wichtigsten Wirkungsbereich, dem der

Wirtschaftswerbung.

Darin werden Teilbereiche der Werbung (1) für Konsum- oder Verbrauchsgüter und (2) für Gebrauchs- und Investitionsgüter gesondert behandelt. Es wird eine umfassende Darstellung der wichtigsten Werbemittel und Werbeträger gegeben und im Zusammenhang damit, werden auch die wichtigsten Methoden der Markt- und Meinungsforschung in ihrer Anwendung auf diese beiden Teilbereiche dargestellt werden. Die Marketing-Funktionen der Werbung (5 bis 26) bieten eine feste Leitlinie, die verschiedensten Marktsituationen, aus denen sich absatzwirtschaftliche Aufgaben herleiten, dazu gehören auch Probleme der Warendistribution, einschließlich Fragen der Verpackung, an lebendigen Beispielen darzustellen. Fragen der Werbekosten, im Gefüge der Vertriebskosten und im industriellen Marketing, werden zusammen mit Fragen der Werbeplanung und der Wirkungs- oder Erfolgskontrolle abgehandelt. Probleme des Schöpferischen in den Prozessen der Gestaltung von Werbebotschaften werden auch berührt werden.

Aus den bisherigen Darlegungen und Analysen, die mit den Ur-Formen der werbenden Begehrungen nach Besitz ihren Anfang nehmen, geht hervor, daß die Wirtschaftswerbung wohl der bedeutendste Wirkungsbereich im Gesamt-Phänomen der Werbung ist.

Zusammen mit den vier Elementar-Funktionen der Werbung haben sich uns schon klare Vorstellungen über den dynamischen Ablauf von Prozessen des Werbens erschlossen.

Die Wirtschaftswerbung ist ein Mittel im Absatzprozeß und in dem Bemühen, Waren dem Markt zuzuführen. Es erhebt sich die Frage, wo und in welchem Ausmaß die Wirkung der Werbung im Absatzprozeß festzustellen ist, und es erhebt sich weiterhin die Frage, in welcher Folge die Kräfte der Werbung zur Wirkung kommen.

Ähnlich wie bei einem Kranken, der auf Genesung hofft, und ähnlich wie bei einem Genesenen, der auf eine lange schwere Krankheit zurückblickt, ist es mit den Kräften und der Wirkung der Werbung: Es vermag niemand mit mathematischer Genauigkeit zu sagen, ob die Kunst des Arztes, der Wille des Kranken zum Leben, die verordnete Medizin, das besondere Mittel der modernen Arzneikunst, die Luftveränderung, der Wechsel in der Diät, das plötzliche Erlebnis im monotonen Ablauf des Daseins des Kranken in seiner Krankenstube oder irgendein anderes Ereignis die entscheidende Wendung herbeigeführt hat. Ebensowenig wie es möglich ist, in einer wirtschaftlichen Unternehmung die am Erfolg mitwirkenden Kräfte genau zuzurechnen, ebensowenig ist das in der Wirtschaftswerbung möglich: Auch ihre bewirkenden Kräfte und die auf sie entfallenden Anteile des Erfolges oder des Mißerfolges lassen sich nicht einwandfrei nachweisen oder zurechnen.

Mit diesen ausdrücklichen Vorbehalten aber läßt sich doch ein Kreislauf der Wirkungsprozesse und der Dynamik der Wirtschaftswerbung ungefähr beschreiben oder andeuten; wobei aber wieder ausdrücklich zu sagen ist, daß sich dieser Kreislauf nicht unbedingt in der strengen Folge vollziehen muß, wie er hier aus Gründen der klareren Übersicht dargestellt wird.

Die Wirtschaftswerbung verbreitet über Waren und wirtschaftliche Leistungen Kenntnis und Wissen; sie gibt sachliche Unterrichtung und Aufklärung; sie hat durch objektive Beweisführungen die Aufmerksamkeit auf die Vorteile der eigenen Leistung zu lenken.

Gegenüber diesem „werben" hat der Umworbene die völlige Freiheit der Entscheidung, über welche Waren oder Dienstleistungen er für sich verfügen will.

Diese werbende Aufklärung oder Unterrichtung soll Begehrungen und Bedürfnisse uniformieren und homogenisieren, um dadurch den Bedarf in einer stetigen und gleichen Richtung zu halten.

Diese werbende Unterrichtung erfolgt mit dem Ziel, auch die Nachfrage zu sammeln und zu homogenisieren, denn nur sie ist die Voraussetzung einer Massenerzeugung.

Die Massenerzeugung aber ist die Voraussetzung einer Kostendegression, ein vergrößertes Umsatzvolumen führt auch zu einer Senkung der Absatz- und Vertriebskosten.

Die Senkung der Preise für den Verbraucher oder die Steigerung der Qualität und/oder der Menge des Bedarfsgutes ist das letzte Glied in der Kette, deren erstes die Unterrichtung und die Aufklärung ist.

Im Markt aber vollzieht sich folgender Prozeß: die Ware wird erkannt, sie wird verlangt, und im wiederholten Verlangen liegt dann die freiwillig gegebene Anerkennung einer guten Leistung, die ihren Lohn in der Steigerung des Umsatzes findet.

Der Dynamik dieser Prozesse ist ein weiterer Band dieser Reihe gewidmet; auf sie soll dieses Resümee vorbereiten.

Der Band *„Public Relations"* wird eine geschlossene Darstellung dieses Aufgabenkomplexes bringen.

Das gleiche gilt für den Band „Propaganda", der dann als letzter erscheinen wird.

Literaturhinweise

Grundrisse und Handbücher

Grundriß der Werbung

Herausgegeben im Auftrage des Zentralausschusses der Werbewirtschaft von Professor Dr. Dr. h.c. Carl Hundhausen, bisher erschienen:

Werbung und Wettbewerb im Spiegel des Rechts (Band 1). Kurt Bussmann und Helmut Droste. Essen 1951.

Die Werbemittel (Band 2). Hanns F. J. Kropff. 2. Aufl. Essen 1961.

Wirtschaftswerbung (Band 3). Carl Hundhausen. Essen 1963.

Psychologische Grundlagen der Werbung (Band 4). Ludwig Freiherr von Holzschuher. Essen 1956.

Industrielle Publizität als Public Relations (Band 5). Carl Hundhausen. Essen 1957.

Wörterbuch der Werbung (Band 6). Hanns F. J. Kropff. Essen 1959.

Der Warentest (Band 7). Fritz Lohmeier. Essen 1959.

Motivforschung (Band 8). Hanns F. J. Kropff. Essen 1960.

Werbung und Gesellschaft (Band 9). Georg Bergler. Essen 1965.

Messung der Werbewirkung (Band 10). Darrell Blaine Lucas und Stuart Henderson Britt. Essen 1966.

Dunn, S. W.: International Handbook of Advertising. New York 1964.

Peltzer, Karl (Hrsg): Enzyklopädisches Handbuch der Werbung und Publikation. Band I. Thun 1961.

Seyffert, Rudolf: Werbelehre. Theorie und Praxis der Werbung. 2 Bände. Stuttgart 1966.

Zankl, Hans Ludwig (Hrsg): Werbeleiter-Handbuch. 1966.

Allgemeine Darstellungen

Backman, Jules: Advertising and Competition. New York 1967.

Behrens, K. Ch.: Demoskopische Marktforschung. Wiesbaden 1966.

–: Absatzwerbung. Wiesbaden 1963.

Bergler, Georg: Absatz, Materialien für eine Absatzlehre. Nürnberg 1968.

Borden, Neil H.: The Economic Effects of Advertising. 4. Aufl. Chicago 1947.

–: Advertising in Our Economy. 3. Aufl. Chicago 1949.

–: Advertising, Text and Cases. 2. Aufl. Chicago 1951.

Boyd jr., H. W., V. Fryburger a. R. Westfall: Advertising Management. New York 1964.

Brückner, Peter: Die informierende Funktion der Wirtschaftswerbung. Berlin 1967.

Buchli, H.: 6.000 Jahre Werbung. Geschichte der Wirtschaftswerbung und der Propaganda. Bd 1–4. Berlin 1966 ff.

Bursk, E. C.: Text and Cases in Marketing. Englewood Cliffs 1962.

Colley, Russell H.: Defining Advertising Goals for measured advertising Results. New York 1961.

Corey, E. Raymond: Industrial Marketing. Englewood Cliffs 1962.

Cox, Alderson, a. Shapiro: Theory in Marketing. Homewood Ill. 1964.

Crisp, Richard D.: Absatzforschung/Marketing Research. Essen 1959.

Cundiff, E. W., a. R. R. Still: Basic Marketing. Englewood Cliffs 1964.

Dahrendorf, Ralf: Industrie- und Betriebssoziologie (Slg. Göschen Bd 103). 4. Aufl. Berlin 1967.

The Economists Advisory Group: The Economics of Advertising. London 1967.

Edler, Folkard: Werbetheorie und Werbeentscheidung. Wiesbaden 1966.

Erismann, Theodor: Allgemeine Psychologie. Bd 1–4 (Slg. Göschen Bd 831–834a). 2.–3. Aufl. 1959–65.

Fischer, Klaus-Peter: Industrielle Vertriebskostenrechnung. Stuttgart 1963.

Flanagan, G. A.: Modern Institutional Advertising. New York 1967.

Geist, Manfred: Selektive Absatzpolitik. Stuttgart 1963.

Gutenberg, Erich: Grundlagen der Betriebswirtschaftslehre. Band II. Der Absatz. Berlin 1964.

Hansen, H. L.: Marketing. Homewood Ill. 1961.

Hessenmüller, Bruno: Kosten- und Erfolgsrechnung im industriellen Vertrieb. Baden-Baden 1966.

Heuer, Gerd F.: Elemente der Werbeplanung. Köln und Opladen 1968.

Hofstätter, P. R.: Sozialpsychologie. (Slg. Göschen Bd 104/104 a). 3. Aufl. Berlin 1967.

Hüttner, Manfred: Grundzüge der Marktforschung. Wiesbaden 1965.

Jacobi, Helmut: Werbepsychologie. Wiesbaden 1963.

Jaspert, Friedhelm: Methoden zur Erforschung der Werbewirkung. Stuttgart 1963.

Kellerer, H.: Statistik im modernen Wirtschafts- und Sozialleben. Hamburg 1966.

Korndörfer, Wolfgang: Die Aufstellung und Aufteilung von Werbebudgets. Stuttgart 1966.

Leitherer, E.: Werbelehre. Stuttgart 1966.

Lerche, Peter: Werbung und Verfassung. München und Berlin 1967.

Levitt, Theodore: Innovation in Marketing. New York 1962.

Lorenz, K.: Über tierisches und menschliches Verhalten. 1966.

Lucas, D. B., u. St. H. Britt: Messung der Werbewirkung. Essen 1966.

Maecker, Eugen Johannes: Planvolle Werbung. Essen 1962.

Management & Advertising Problems in the Advertiser-Agency Relationship. New York 1965.

Matthews, Buzzell, Levitt a. Frank: Marketing. In: An Introductory Analysis. New York 1964.

Michligk, Paul: Elementare Werbekunde. Essen 1958.

–: Geheimnisse der Werbesprache. Essen 1967.

Müller-Brockmann, J.: Entwicklungsgeschichte der Werbung. 1967.

Noelle, E.: Umfragen in der Massengesellschaft. Hamburg 1967.

Rohracher, Hubert: Einführung in die Psychologie. Wien/Innsbruck 1963.

Sandage, C. H., a. Vernon Fryburger: Advertising Theory and Practice. Homewood Ill. 1963.

Schäfer, Erich: Grundlagen der Marktforschung. Köln und Opladen 1966.

Schreier, F. T.: Modern Marketing Research. In: A Behavioral Science Approach. Belmont, Calif. 1963.

Schwartz, George: Science in Marketing. New York 1965.

Smith, Slee P. I.: Technical and Industrial Advertising and Marketing. London 1963.

Specht, K. G.: Systematik der Massenkommunikationsforschung. 1967.

Spiegel, Bernt: Werbepsychologische Untersuchungsmethoden. Berlin 1958.

Stamm, Willy: Leitfaden für Presse und Werbung. Essen 1968.

Stamm, Willy: Wer und Was in Presse und Werbung. Essen 1966.
Tousley, R. D., E. Clark a. F. E. Clark: Principles of Marketing. New York 1962.
Weinrich, H.: Der volkswirtschaftliche Nutzen der Werbung. 1967.
Werbewissenschaftliches Referatenblatt. Anzeigen der Deutschen Werbewissenschaftlichen Gesellschaft. Seit 1967 5 Bände.
Werbung als Forschungsgebiet und Lehrfach der Hochschulen. Vorträge und Podiumsgespräche auf dem Internationalen Kongreß 1966 in Köln. Tagungsbericht.
Wiese, Leopold von: Soziologie (Slg. Göschen Bd 101). Berlin 1964.
Wirsig, Woodrow, The Committee on Advertising: Principles of Advertising. New York 1963.
Zentralausschuß der Werbewirtschaft. Jahresberichte. Bad Godesberg. Seit 1949.
Zober, Martin: Marketing Management. New York 1964.

*Deutschsprachige Zeitschriften**

Die Anzeige. Reutlingen 44. Jahrgang.
die absatzwirtschaft. Düsseldorf 11. Jahrgang.
Neue Werbung. Berlin-Ost 15. Jahrgang.
W & V, Werben und Verkaufen. Düsseldorf 1968.
ZV + ZV, Das Organ für Presse + Werbung. Bad Godesberg 65. Jahrgang.
Der Markt. Wien 1968.
Schweizer Reklame. Zürich 1968.

Englischsprachige Zeitschriften

Harvard Business Review
Journal of Marketing
Journal of Marketing Research JMR
Journal of Advertising Research
Marketing/Communications
Advertising Age

* **Die Angaben betreffend die „Zahl der Jahrgänge" beziehen sich auf das Jahr 1968.**

Namensverzeichnis

Amerongen, Otto Wolff von 82
Aschpurwis, Liselotte 68

Bergler, Georg 28
Bernays, Edward L. 52
Borden, Neil H. 29, 70
Borght, R. van der 36
Brisbane, Arthur 90
Britt, St. H. 23
La Bruyère 104
Buchli, Hanns 65
Bücher, Karl 99

Chase, Stuart 52
Colley, R. H. 59
Corey, E. R. 70
Disraeli 104
Dönhoff, Marion, Gräfin 18
Domizlaff, Hans 56

Ehrenfels, Chr. von 17

Freud, S. 6, 20, 44

Götze, Alfred 35
Goldman, Eric, F. 43
Grimm, Jacob und Wilhelm 5, 11, 12, 14, 16, 101
Gutenberg, Erich 36
Gutzkow, R. 35

Handley, J. M. 89
Hebb, D. O. 21, 22
Hehlmann, W. 7, 19
Heidegger, Martin 101
Heinroth, O. 14
Heisenberg, Werner 101, 102
Holmes, O. W. 105
Hopkins, Claude 89
Hull, C. L. 23
Humboldt, W. von 101

Jaspers, Karl 43
Jodl, F. 21
Jung, C. G. 7, 19

Kant, Immanuel 75
Kayser, Wolfgang 101
Klein-Blenkers, Fritz 47
Knies, Karl 36, 45, 69, 79
König, René 52
Konfuzius 104
Krauss, Karl 101

Ladendorf, O. 36
Lenin, W. I. 62
Lersch, Ph. 22
Linhardt, Hanns 28
List, Friedrich 33, 34
Locke, John 105
Lorenz, Konrad 14
Lucas, D. B. 23
Ludovici, Carl Günther 36

Marceau, Marcel 11, 12
Mataja, Victor 36
Menger, Carl 19, 25, 36
Miller, N. E. 23
Milton, John 13
Mitscherlich, Waldemar 33, 34

Packard, Vance 78
Philippovich, Eugen von 99
Plenge, Johann 56
Pörzgen, Hermann 90

Racine, Jean 105
Rohracher, H. 19, 21, 33, 44

Sanders, D. 35
Seyffert, Rudolf 36
Shakespeare, W. 105
Shaw, John B. 43

Skowronnek, Karl 37
Sombart, Werner 36, 99
Sponsel, Jean Louis 90, 100, 101
Schäfer, Erich 28
Schmidt, Heinrich 7
Schmoller, Gustav 36, 99
Stephenson, Howard 54

Tairow, A. 11
Tigges, Wilhelm 82
Tolman, E. C. 24

Vershofen, Wilhelm 25, 27, 28

Webster, Noah 77
Wehle, J. H. 36, 100
Weidenmüller, Hans 34, 35
Weizsäcker, Karl Friedrich von 101
Westen, Walter von Zur 64, 93
Wiese, Leopold von – und Kaiserswaldau 7, 16, 40, 56
Wieser, Friedrich Frhr. von 26
Wuttke, Heinrich 100

Zangen, Wilhelm 29

Stichwortverzeichnis

Abstraktion 91
Advertising, financial 34
–, Institutional 51, 53, 81
–, reason-why 92
–, Truth in 80
Äußerung
–, Begriff der 35
–, Formen der 14
–, Kategorie der 38
Agitation 44
Agitator, politischer 62
Affichen 65
Album 64
Angebot und Nachfrage 28
Ankündigung 65
Antriebe 7
–, angeborene 21
–, erworbene oder erlernte 22
–, lernbare 33
Anzeigen 92
Aufbauten 95
Aufmerksamkeit 39, 66, 68
– und Interesse 48, 66
Ausdrucksbewegung 16
Auslöser 14
Auslösetriebhandlungen 16
Ausruf(er) 64, 65
Außenwerbung 93
Ausstellungen 95

Bedarf 19, 26
–, elastischer 27
–, industrieller 26
–, menschlicher 25
–, persönlicher 26
–, starrer 27
–, homogene Struktur des 30
–, Homogenität des 33
–, Intensitätsgrade des 27
–, Gleichrichtung des 33
bedürfen 19
Bedürfnisse, Mittel zur Befriedigung 26
Beeinflussung 74
Begehren 19, 63
Begehrungen 33
–, Homogenität der 30
–, Intensität von 48
Behaviorismus 16
Bewegung 6
Bild der Erscheinung, Gestalt als 18
Blick 6, 10, 18, 63, 66
brauchen, gebrauchen, verbrauchen 27

Diapositive 96
Dienstleistungsbetriebe 50
display 15
Distribution 29
Druckschriften 95

Erzeugnisse, anonyme 30
–, markierte 30

Fernsehen 65, 96
Film 96
Financial
– Advertising 34
Freiheit der Entscheidung 44
Funktion(en) 8, 58
Elementar– 59, 66
Grund– 8
–, kommunikative 106
Primär– 60
Sekundär– 60
–, situationsbedingte 78

Gebärde 6, 11, 12, 14, 18, 63, 66
Gebaren 6, 14, 18
Gebrauchsgüter 27, 49
Gehaben 6, 14, 16, 18

Imponier– 14, 15
Geschenke 97
Gestalt 17, 18
Geste 6, 13, 18, 63, 66
Gestikulation 11
Gewohnheit 14
goal, goal setting 7, 58

Haltung 16, 18
Hilfsstoffe 50

Image 18
Initiator 13, 44, 46, 68
Information 69
–sgehalt 72
Instinkt 19
–handlungen 15
Intentionsbewegung 16
Interesse(n) 20, 66, 68
Ausgleich von, Durchsetzung von – 8
IVW 48

Kataloge 95
Kommunikation 41, 43
Kostendegression 48
Kundendienst 29

Lobhudel 98

Magnetfeld 45
Manipulation 44
Marketing 29, 70
–, Industrial 70
– Funktionen 60
Marken 68
–wesen 29
Markt 28
– der Bride-to-be 32
– der Teen-Agers 32
–entnahme 27
Medien (Träger, vehicles) 48
Meinen, Meinung 75
Messen 95
Mienenspiel, -sprache 6, 11, 12, 13, 18, 63, 66
Mimik 6, 18
Motiv 7, 21
Motivation 7, 21, 59, 107
–, Buying 71
–, lehrbare 33
–, „facts" als lehr- und lernbare 71
Primär– 21
Sekundär– 21, 23, 24
–sprozeß 21

Nötigung 7

persuade 76
Plakat 101, 103
Präferenzen 59
Preis 29
product recognition 71
Produktplanung 29
Produktion, Spezialisierung der 29
Produktionsgüter 49
Propaganda 46, 56, 58, 106, 109
–, politische 47
– Funktionen 60
Prozeß, sozialer 107
Public Relations 46, 51, 106, 109
– Funktionen 60

Rohstoffe 50
Rundfunk 65, 96

Schaufenster 95
Schaustellung 29
Schubkräfte 45
Situation 79
Sprache 66, 88, 92
– mittels Gebärde 12
–, natürliche 102
Stimme, menschliche 88
Symbole 102

target 7, 58
Textgestaltung, Lehr- und Lernelement der 23

Tonbildschauen 96
Triebe 7, 19

Überzeugungen, Begründung von –/Gewinnen von – 74, 75, 78
Unternehmung als Ganzes 50
Unterrichtung 69
Unterwürfigkeitshaltung 16 (auch Versöhnungs–)

Vehicle (s. Medien)
Verbrauchsgüter 27, 49
Verdichtung 89, 91
Vereinfachung 89, 91
Verhalten 14, 16, 18
Verkaufsförderung 29
Verkauf, persönlicher 29
Verpackung 29
Verpflichtung, soziale 78
Vertrieb 29
Vorstellungsbild 17, 18

Werbeträger s. Medien
Werbung 29
–, Absatzwirtschaftliche Mittel der 91
–, akustische 64
–, Allgemeine Firmen– 51
–, Ausdruckskraft der 88
– als Ausdruckskultur 87
–, behauptende 86
–, beschreibende 87
–, beweisende 87
–, Definition der 36, 39, 46, 49
–, einführende 86
–, ethischer Gehalt der 80
–, Gesamt-Phänomen– 9
–, Institutionelle 51
– Urformen 10
– Vorprüfung 24
– Wahrheit in der 82
– Wirkungen der 48
– Wirkungsbereiche der 49
– Wirkungskontrolle der 24
–, Wirtschafts 47, 107

Zeichen 13, 18, 63
–sprache 66
Zeitungen 65
Zentralausschuß der Werbewirtschaft (ZAW) 48, 87
Zettelverteiler 65
Ziel
– – und Funktionsgruppen 8
– Person 44, 68
– Setzung 58
– Vorstellung 7
–, Wirtschaftliche 8
–, nichtwirtschaftliche 8
Zugkräfte 45

FSC
www.fsc.org
MIX
Papier | Fördert
gute Waldnutzung
FSC® C083411

Kolibri 360 GmbH
Ferdinand-Jühlke-Straße 7
99095 Erfurt, Deutschland
produktsicherheit@kolibri360.de